Mit WanderFritz
durch die Schweiz

Impressum

Weltbild Buchverlag
– Originalausgaben –
© 2014, 2017 Weltbild Verlag GmbH, Industriestrasse 78, CH-4609 Olten
3. aktualisierte und erweiterte Auflage

ISBN 978-3-03812-709-3

Konzept: Fritz Hegi, Lukas Heim, Ronald Gohl
Umschlagsgestaltung: Thomas Uhlig, www.coverdesign.net
Foto Umschlag: amriphoto.com - Fotolia.com
Fotos Umschlag Rückseite: Ronald Gohl
Layout: Edition Lan AG / www.editionlan.ch

Das Werk einschliesslich aller seiner Teile ist urheberrechtlich geschützt. Jede Verwertung ausserhalb des Urhebergesetzes ist ohne Zustimmung des Verlages unzulässig und strafbar. Dies gilt insbesondere für Vervielfältigungen, Übersetzungen, Mikroverfilmungen und der Einspeicherung und Verarbeitung in elektronischen Systemen.

Die Ratschläge, Bilder und Routenvorschläge in diesem Buch sind von Autor und Verlag sorgfältig erwogen und geprüft worden, dennoch kann eine Garantie nicht übernommen werden. Die Reisen, Ausflüge und Wanderungen nach diesen Vorschlägen erfolgen auf eigene Gefahr. Eine Haftung des Autors bzw. des Verlages und seiner Beauftragten für Personen-, Sach- und Vermögensschäden aller Art, die aus den im Buch gemachten Hinweisen resultieren, ist ausgeschlossen. Fahrplan- und Fahrpreisänderungen bzw. Eintrittspreise sowie Einstellung des Betriebes der im Buch vorgestellten Transportunternehmen und Freizeitbetriebe, Museen etc. sind ausdrücklich vorbehalten. Mit möglicherweise erkennbaren Personen hat der Autor keine Einverständniserklärung bezüglich der Persönlichkeitsrechte getroffen. Der Autor verweist in diesem Fall auf das «Recht auf das eigene Bild» hin und übernimmt für Veröffentlichung solcher Bilder keine Haftung.

Besuchen Sie uns im Internet:
www.weltbild.ch
www.1001.ch
www.wanderfritz.ch

Fritz Hegi

DIE 58 SCHÖNSTEN WANDERUNGEN

Mit *WanderFritz 1* **durch die Schweiz**

Weltbild

Inhaltsverzeichnis

Übersichtskarte Schweiz	8
Einleitung	10
BERNER OBERLAND	**14**
Föhnsturm zwischen Gen- und Sustental (Engstlenalp – Tällihüttc)	16
Wunderbare Kirschtorte vom Lehrling (Krattigen – Därligen)	18
In Tuchfühlung mit der Eigernordwand (Kleine Scheidegg – Alpiglen)	20
«Dert hindä bim Louenesee» (Wispile – Lauenensee)	24
Ländliche Gastfreundschaft am Zulgweg (Schwarzenegg – Innereriz)	26
Simmenfälle – geheimnisvoller Kraftort (Metschalp – Simmenfälle)	28
ZENTRALSCHWEIZ	**30**
Erholsamer Uferweg an der Kleinen Emme (Emmenbrücke – Malters)	32
Vom Entlebuch ins Emmental (Sörenberg – Kemmeribodenbad)	34
Bergwanderung über dem Schächental (Klausenpass – Ratzi)	36
Es lauert der Jäger hinter dem Busch ... (Niederbauen – Stockhütte)	38
Berauschender Tiefblick nach steilem Aufstieg (Haldi – Schilt – Haldi)	40
Vom Sempachersee ins benachbarte Rottal (Nottwil – Buttisholz – Ruswil)	42
Bizarre Eiszapfen in der Region Willisau (Nebikon – Gettnau – Willisau)	44
TESSIN	**46**
Val Piora (Lukmanier – Ritomsee) – Neu	48
Von Alp zu Alp im Bedrettotal (Pesciüm – Ronco) – Neu	50
MITTELLAND	**52**
Hügel, Krächen und Wälder (Rundwanderung ab Kalchofen)	54
Zwei Fritze treffen sich (Wasen i.E. – Fritzeflue – Eriswil)	56
Im Gotthelf-Land zum 70. Geburtstag (Lützelflüh – Biglen)	58
Unterwegs im Emmental des Aargaus (Schiltwald – Unterkulm)	62
Wandern, Kultur und gut Essen (Langenthal – St. Urban – Pfaffnau)	64
Fussmarsch mit fantastischem Alpenblick (Kühlewil – Toffen)	66
Landschaftserlebnisse im Westen von Bern (Gümmenen – Gäbelbach)	68
Exotisches im Sandsteinbruch (Safenwil – Zofingen)	70
JURA	**72**
Roggenschnarz: über die erste Jurakette (Holderbank – Egerkingen)	74
Combe Tabeillon: tiefe, wilde Schlucht (Glovelier – La Combe)	76
Windige Höhen auf dem Tête de Ran (Les Hauts-Geneveys – La Sagne)	78
Zum Hörnliteller im Oberdörfer: En Guete! (Rundwanderung ab Gänsbrunnen)	80
Tiergarten: liegengelassene Wanderstöcke (Vicques – Corban)	82
Leckere Käseschnitte nach der Wolfsschlucht (Welschenrohr – Herbetswil)	84

Fotos: Fritz und Verena Hegi

NORDWESTSCHWEIZ	**86**
Zwei Wege führen auf die Rothenfluher Flue (Rundwanderung ab Rothenfluh)	88
Romantischer Wasserfall und Höhenburg (Bubendorf – Hölstein)	90
Grenzwanderung zum St. Chrischona-Turm (Basel – St. Chrischona – Riehen)	92
Hoher Turm und lange Würste (Remigen – Cheisacherturm – Effingen)	94
ZÜRICH UND SCHAFFHAUSEN	**96**
«Chumm und lueg!» (Wilchingen – Rossberg – Osterfingen)	98
«Frauenschüeli» und eine Grenzwanderung (Rundwanderung ab Bargen)	100
Heisser Bachtel – Aufstieg bei 35°C (Gibswil – Wald ZH)	102
Wunderschöner Aussichtspunkt (Rundwanderung ab Türlersee) – Neu	104
Vom Zürichsee zum lieblichen Greifensee (Erlenbach – Maur) – Neu	106
OSTSCHWEIZ	**108**
Der unendlich lange Damm (Kleinandelfingen – Uesslingen)	110
Auf dem St. Galler Brückenweg (St.Gallen, Haggen – Spisegg)	112
Wandervergnügen auf einem 5-Sterne-Weg (Niederschlag – Arvenbüel)	114
Genussvoller Höhenweg über sieben Eggen (Speicher – Teufen)	116
Schabzigerspätzli und eine Schlittenfahrt (Rundwanderung ab Grotzenbühl)	120
GRAUBÜNDEN	**122**
Jürg Jenatsch in der Bündner Herrschaft (Landquart – Maienfeld)	124
UNESCO Weltkulturerbe Albulabahn (Bergün – Filisur)	126
Ein Wandernachmittag im Münstertal (Fuldera – Müstair) – Neu	128
Das kleine Paradies (Ofenpass – Tschierv) – Neu	130
Im Nationalpark (Buffalora – Il Fuorn) – Neu	132
WALLIS	**134**
Postkartenidylle hoch über Brig (Belalp – Mund)	136
Auf dem Stockalper-Handelsweg (Simplon-Dorf – Gondo)	138
Schussfahrt zum Schluss (Saas Fee – Hannig)	140
Ein Naturphänomen bei Euseigne (Euseigne – Veysonnaz)	142
Wanderungen an der Bisse de Clavau (Icogne – Sion)	146
Zwei Suonen auf einmal (Venthône – Varen)	148
WESTSCHWEIZ	**150**
In den Narzissenfeldern von Les Pléiades (Rundwanderung ab Les Pléiades)	152
Feldrand-Apéros im Genfer Hinterland (La Plaine – Satigny)	154
Endlich zum Burghügel von Rue (Palézieux – Rue)	156
Arboretum und mittelalterliches Aubonne (Bière – Arboretum – Aubonne) – Neu	158

VORWORT

Mit WanderFritz die Schweiz entdecken!

WanderFritz Hegi geht wöchentlich bei jedem Wetter auf Wandertour und bei jedem Wandertag gibt es zu Beginn einen Start-Kaffee. Das ist sein Markenzeichen! Damit möchte er alle zum Genuss-Wandern animieren, die schöne Schweiz zu entdecken.

In der 3. überarbeiteten Neuausgabe «WanderFritz 1» hat er neben der Aktualisierung aller Restaurants, Öffnungszeiten und sonstigen Anpassungen acht neue, zusätzliche Wanderungen aufgenommen. Somit sind nun auch alle Regionen der Schweiz vertreten.

WanderFritz' Wandervorschläge wurden zum Schweizer Bestseller, wochenlang war er in der Schweizer Sachbuch-Bestsellerliste vertreten.
Was ist das Geheimnis seines Erfolges? Warum finden seine ausgewählten Touren so breiten Anklang, obwohl es eine Riesenauswahl an Wanderbüchern gibt?:

WanderFritz kennt die Schweiz wie aus seiner Westentasche. Für ihn ist das Wandern viel mehr als nur «gehen», es ist sein Lebenselexier. Er verbindet dabei seine Wanderungen oftmals mit geschichtlichen Hintergründen, manchmal mit einem Museumsbesuch und einem kulturellen Ereignis oder mit Naturbeobachtungen.
Er legt viel Wert darauf, dass die Wandertouren die Teilnehmer nicht überfordern. Dabei stehen drei- bis maximal vierstündige Wanderungen mit angemessenen Höhendifferenzen im Vordergrund. Es soll ein Genuss-Wandern für alle sein bei dem der kulinarische Aspekt nicht kurz kommt. Immer sind die Restaurantvorschläge für das Startkaffee und das Mittagessen mit dabei.
Die Schweiz ist ein kleines Land mit unendlich vielen Möglichkeiten für Wanderrouten und Wanderziele. Seit über 20 Jahren erwandert Fritz Hegi die Schweiz. Er kann dabei aus seinem reichen Fundus an Wander-Erfahrungen zählen.

WanderFritz führt uns mit seinen ausgewählten Touren zu den schönsten Plätzen der Schweiz. Lassen Sie sich von seiner Begeisterung für das Genuss-Wandern anstecken!

Lukas Heim, Verlagsleitung
Weltbild Verlag

Olten im Februar 2017

Fotos: Fritz Hegi, Weltbild Verlag

Suchen Sie den Anfahrtsweg zum Ausflugsziel?

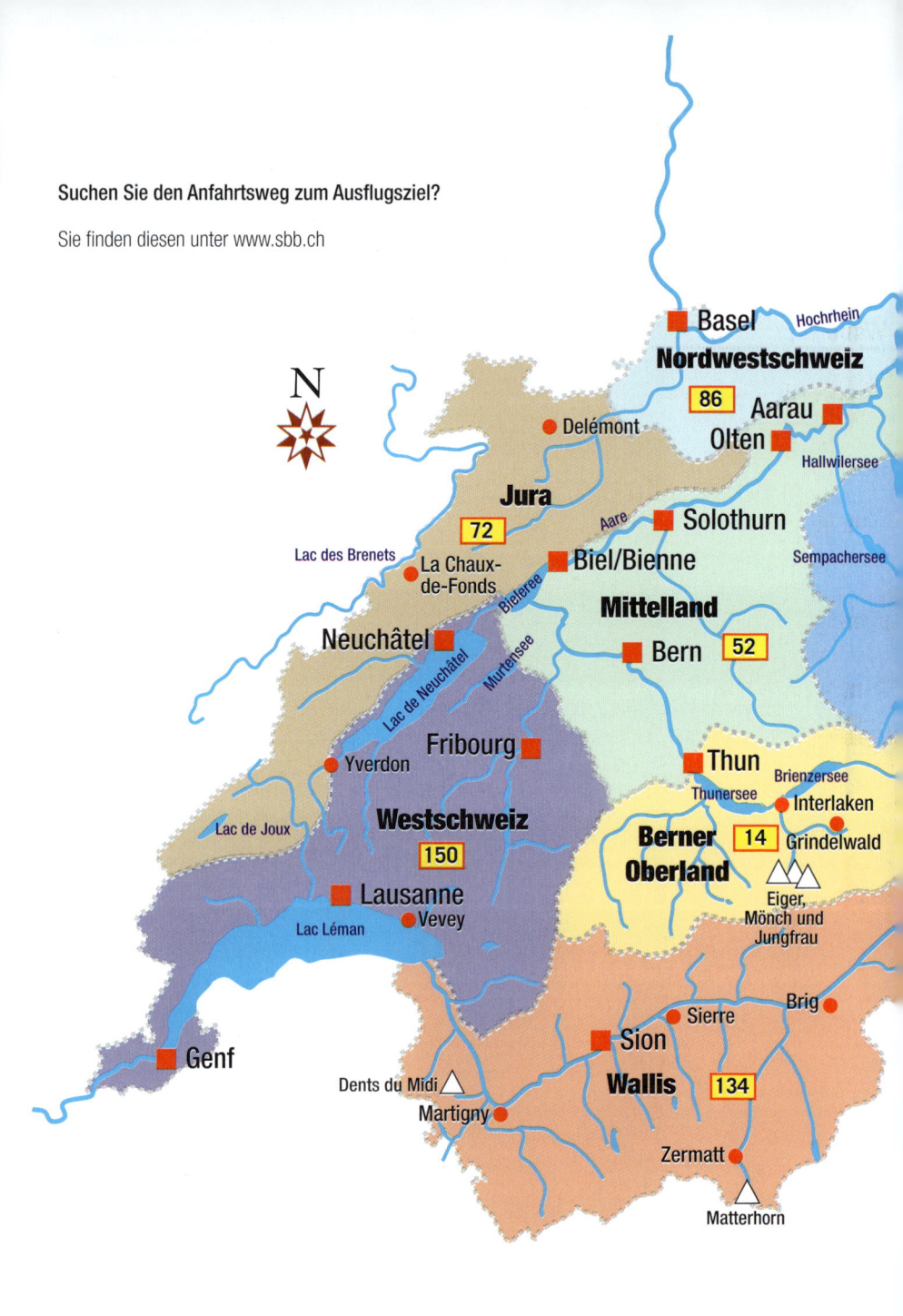

Sie finden diesen unter www.sbb.ch

Die Schweiz nach Regionen

Die Ziffern in den gelben Kästen beziehen sich auf die jeweiligen Seitenzahlen im Buch.

- Schaffhausen
- Hochrhein
- Bodensee
- 96
- Frauenfeld
- Winterthur
- **Zürich-Schaffhausen**
- Zürich
- St. Gallen
- 108
- Säntis
- Zürichsee
- Obersee
- **Ostschweiz**
- Zug
- Walensee
- Zugersee
- Luzern
- Schwyz
- Glarus
- Sargans
- Vierwaldstättersee
- **Zentralschweiz**
- Tödi
- Chur
- Davos
- Scuol
- Engelberg
- 30
- **Graubünden**
- 122
- St. Moritz
- Silsersee
- Piz Bernina
- **Tessin**
- 46
- Locarno
- Bellinzona
- Lago Maggiore
- Lago di Lugano
- Lugano

TIPPS VOM WANDERFRITZ

Planung, Ausrüstung und sicheres Wandern

Jede Woche, meistens am Donnerstag und bei jedem Wetter unternehme ich als «WanderFritz» eine zwei- bis vierstündige Tour in der Schweiz. Begleitet werde ich von meiner Wandergruppe. Alle meine Wanderungen starten in Bern und sind mit dem öffentlichen Verkehr erschlossen. Sie führen in wunderbare Landschaften, zu kulturellen Höhepunkten und – wie es meinem Credo entspricht – zu feinen, typisch schweizerischen Mittagessen. Natürlich fehlt auch das Startkaffee nie. Gelegentlich genehmigen wir uns auch einen Apéro. In meinem Wandertagebuch berichte ich darüber.

Website
Beachten Sie auch meine Website: www.wanderfritz.ch

Vorbereitung
Wähle die Ausrüstung je nach Schwierigkeit, Lage und Dauer der Wanderung sowie nach deinen eigenen Bedürfnissen:

- feste, der Wanderung angepasste Schuhe
- der Jahreszeit entsprechende Kleidung
- aktuelle Wanderkarten 1:50 000 oder besser 1:25 000
- Rucksack
- Regenschutz
- Sonnenschutz (Brille, UV-Kopfbedeckung, Sonnencrème)
- Taschenapotheke, Rettungsdecke als Hitze- und Kälteschutz
- persönliche Medikamente
- Ersatzwäsche
- Taschenmesser
- Feldstecher
- Spikes bei Winterwanderungen
- Ausreichend Verpflegung und Getränke (vielleicht auch mal einen Gipfelwein)
- Wanderstöcke

Smartphones mit Karten und GPS sind heute praktische Wanderhilfsmittel. Apps wie z. B. «SchweizMobil» können dir helfen, die Orientierung wieder zu finden, falls du dich mal verlaufen solltest. Bedenke aber, dass die Akkukapazität beschränkt ist

Fotos: Verena Hegi, Robert Sieber

und plötzlich im entscheidenden Moment den Geist aufgibt. Ich empfehle daher immer einen Zusatzakku mitzunehmen. Auch die Netzabdeckung ist im Gelände nicht immer vorhanden. Dies sei nur vermerkt, wenn du das Kartenmaterial nicht offline auf dem Smartphone gespeichert hast.

Bergtouren
Bergwandern zählt zu den beliebtesten Sportarten der Schweiz. Auf 20 000 Kilometern signalisierten und gut unterhaltenen Bergwanderwegen wanderst du sicher. Doch Gefahren lauern oft nur einen Schritt entfernt: Ein Stein, eine Wurzel oder rutschiges Gelände führen vielleicht zu Stürzen. Diese können besonders an einem steil abfallenden Hang schwere Folgen haben. Rund 6500 Personen verunfallen jährlich beim Bergwandern, 30 davon tödlich. Mit den Tipps der bfu «Bergwandern» solltest du Gefahren aus dem Weg gehen können.

Jede Wanderung erfordert ein hohes Mass an Eigenverantwortung und ein Bewusstsein für mögliche Gefahren. Unternimm Bergwanderungen nicht allein. Plane deine Wanderung sorgfältig anhand von Karten, Wanderliteratur oder im Internet, indem du Schwierigkeitsgrad, Distanzen, Höhendifferenzen und Marschzeit auf die schwächsten Gruppenmitglieder abstimmst. Kalkuliere genügend Ausweich- und Umkehrmöglichkeiten sowie Zeitreserven für Unvorhergesehenes ein. Entscheide anhand des Wetterberichts auf www.meteoschweiz.ch oder unter Tel. 162 und der aktuellen Wegverhältnisse über den definitiven Start.

Bei einem Unfall
Die nachstehende Auflistung von Verhaltensmassnahmen bei Unfällen gilt einzig als

TIPPS VOM WANDERFRITZ

Faustregel. Wo immer möglich ist Fachhilfe (Arzt, Rettungsdienst) beizuziehen.
Quelle: www.samariter.ch

Schauen
- Situation überblicken
- Was ist geschehen?
- Wer ist beteiligt?
- Wer ist betroffen?

Denken
- Folgegefahren für Helfer und Patienten erkennen
- Gefahr für Unfallopfer
- Gefahr für Helfende
- Gefahr für andere Personen

Handeln
- Sich selbst vor Gefahren schützen
- Notfallstelle absichern
- Nothilfe leisten (evt. Patienten aus der Gefahrenzone bergen, lebensrettende Sofortmassnahmen)
- Fachhilfe anfordern, Tel. 144

Wegkategorien
Wanderwege können in der Regel gefahrlos und ohne besondere Kenntisse begangen werden.
Bergwanderwege sind überwiegend schmal und steil und können exponiert sein. Tritsicherheit und Schwindelfreiheit sind erforderlich Winterwanderwege werden unabhängig von den Sommerwegen signalisiert und bei Lawinengefahr gesperrt.
Quellen:
www.swisshiking.ch
www.sac-cas.ch
www.baspo.ch

Fotos: Fritz Hegi, Ronald Gohl

Die Wanderskala des SAC (Schweizer Alpen Club) unterscheidet bei «normalen Fussgängern» nur zwischen T1 (Wandern) und T2 (Bergwandern). Das erscheint uns zu wenig aufschlussreich, deshalb haben wir eine detailliertere Wanderskala erarbeitet:

Sehr leicht
0–50 m bergauf (nicht steil oder exponiert)
0–150 m bergab (nicht steil oder exponiert)
maximal 2 h

Leicht
51–180 m bergauf (nicht steil oder exponiert)
151–300 m bergab (nicht steil oder exponiert)
maximal 3 h

Mittelschwer
181–400 m bergauf (auch mal steiler oder exponiert)
301–480 m bergab (auch mal steiler oder exponiert)
maximal 3 h 30 min

Anspruchsvoll
mehr als 400 m bergauf (auch mal steiler oder exponiert)
mehr als 480 m bergab (auch mal steiler oder exponiert)
maximal 3 h 30 min

Wanderkarten im Internet
http://map.geo.admin.ch
http://map.wanderland.ch/
http://www.wanderprofi.ch/

Kartenlegenden

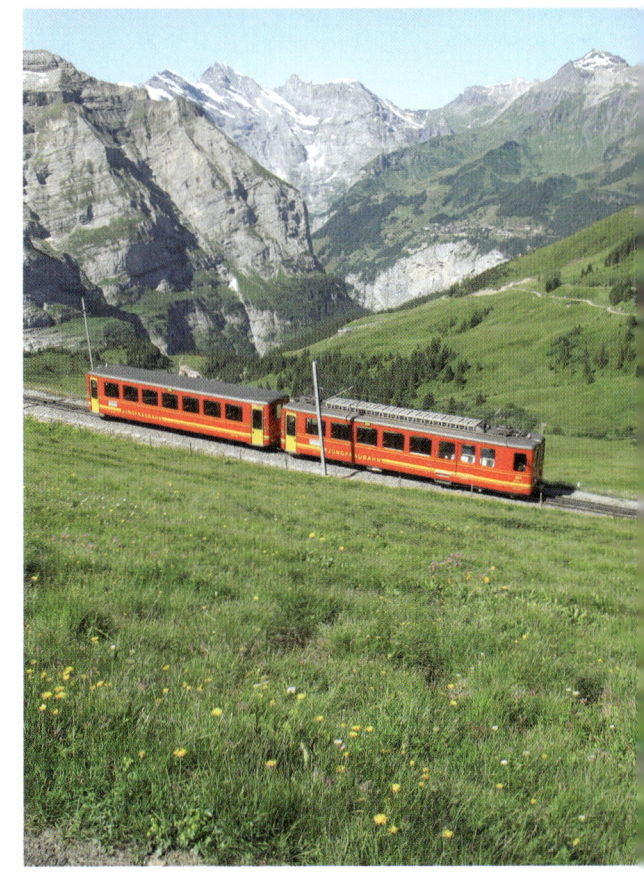

Rhein	Bach, Fluss
	Moor, Sumpf
	See
	Bahnlinie, Bahnhof und Haltestelle
	Autobahn
	Haupt- und Nebenstrassen
- - - - - - -	Tunnel
	Wanderweg
	Ausgangspunkt
	Ziel der Wanderung
	Gletscher
1032 m	Höhenangabe
	Landesgrenze
	Wald und einzelne Baumgruppen
	Fels und Geröll
	Luftseilbahn Gondelbahn Sesselbahn
	Standseilbahn
	Bus-Hst.
	Schifflände
	Hallenbad
	Freibad
	Spielplatz
	Camping
	Aussichtspunkt
	rollstuhlgängig
	Tourismusbüro
	Golfplatz
	Aussichtsturm
	Flugplatz
	Veloweg
	wichtiger Punkt
	Parkplatz
	Observatorium
	Industrie
	Schloss
	Dorf
	Stadt
	Hotel
	Restaurant
	Weiler
	Kiosk, Beiz
	Kapelle
	Bauernhöfe
	Höhle
	Wasserkraftwerk

Fotos: Fritz Hegi

BERNER OBERLAND

Foto: Fritz Hegi – Kartographie: Edition Lan AG

BERNER OBERLAND

Wanderzeit: 2 h 45 min
Länge: 7,5 km
Höhendifferenz: 300 m bergauf, 480 m bergab

Föhnsturm zwischen Gen- und Sustental

Anreise:
Mit der Bahn nach Meiringen. Weiter mit Postauto auf die Engstlenalp (Betriebszeiten: Juni bis Mitte Oktober täglich).
Jahreszeit:
Juli bis Oktober
Wanderkarte:
1:50 000 Sustenpass 255 T
Schwierigkeit:
mittelschwer, trittsicher, schwindelfrei
Startkaffee:
Hotel Engstlenalp, 3860 Meiringen (Ende Mai bis Ende Oktober täglich geöffnet)
Mittagessen:
Berghaus Tälli (durchgehend geöffnet, vorher telefonieren, 033 975 14 10)
Rückreise:
Von der Tällihütte mit der Tällibahn ins Tal zur Sustenpassstrasse. (Saison von Anfang Juni bis Mitte Oktober). Von dort mit dem Postauto nach Meiringen, weiter mit der Bahn.
Weitere Infos:
www.grimselwelt.ch

Das Hotel/Restaurant auf der Engstlenalp wird bereits seit 1892 in der vierten Generation betrieben. Für uns ein idealer Punkt für den Startkaffee. Vor dem Restaurant ist eine Tafel aufgestellt auf der «Hausgemachte Haslikuchen von Simone» angepriesen werden. Auf der Tafel steht weiter, dass es keine Sünde ist, wenn man Haslikuchen isst! Natürlich bestellen wir einen. Der Engstlensee ist ein natürlicher Stausee mit einem Inhalt von zwei Millionen Kubikmetern. Er ist im Rahmen der Alpenfaltung und des Rückgangs der Gletscher entstanden. An seiner tiefsten Stelle wurde er Ende der 1950er-Jahre für die Kraftwerksnutzung angebohrt. Das Wasser des Engstlensees leiten die Kraftwerke Oberhasli (KWO) in Stollen durch die Gadmerflue ins Gadmental, und dort durch die Kraftwerke Furen und Hopflouenen bis hinunter nach Innertkirchen (Auskunft KWO).

Wir gelangen am Westende des Sees auf die andere Seite und folgen zuerst einer breiten Naturstrasse. Vor uns sehen wir das Wetterhorn und auf der gegenüberliegenden Seite des Gentals liegt der Tannensee. Der Weg wird nun schmaler und geht in einen Bergweg über. Der Flanke entlang wandern wir gegen das Sätteli. Einige steile Stellen sind zu überbrücken. Den Passübergang sehen wir schon von weitem. Der Übergang ins Gadmental befindet sich

Fotos: Fritz Hegi

Engstlenalp (1834 m) – Scharmad (1930 m) – Sätteli (2100 m) – Tällihütte (1726 m)

links der zackigen Felsen. Es hat nun viel lockeres Gestein, das wir beachten müssen. Auf dem Sätteli weht ein heftiger Wind. Während wir gemütlich etwas trinken, spüren wir plötzlich einen heftigen Windstoss und hören einen Riesenkrach. Das grosse, ca. zwei Meter hohe «Steinmannli» hinter uns wird durch eine heftige Windböe umgeblasen.

Tief unter uns liegt das Gadmental – Höhendifferenz bis zur Tällihütte beachtliche 400 Meter. Es braucht nun etwas Trittsicherheit und man sollte schwindelfrei sein. Der Serpentinenweg ist angenehm. Kurz vor der Bergstation Tälli genehmigen wir uns in einem geschützten Waldstück einen «Weissen» aus dem Wallis als Apéro. Im Restaurant Tälli können wir trotz wunderbarem Sonnenschein nicht draussen auf der Terrasse sitzen, da nun der Föhn zeitweise fast sturmartig bläst.

Charakteristik:
Bergwanderung mit angenehmem Aufstieg aber doch recht steilem Abstieg.

17

BERNER OBERLAND

Wanderzeit: 3 h
Länge: 9,7 km
Höhendifferenz: 400 m bergauf, 550 m bergab

Wunderbare Kirschtorte vom Lehrling

Anreise:
Ab Spiez mit dem Bus Nr. 61 bis Krattigen, Dorf
Jahreszeit:
April bis November
Wanderkarte:
1:50 000 Interlaken 254 T
Schwierigkeit:
mittelschwer

Startkaffee:
Restaurant Seeblick, 3704 Krattigen (Ruhetag: DI und MI)
Mittagessen:
Hotel Meielisalp, Stoffelberg, 3706 Leissigen
Rückreise:
ab Därligen mit der Bahn
Weitere Infos:
www.brueckenweg.ch

Um den Thunersee soll in den nächsten Jahren ein durchgehender Panoramaweg entstehen. Gesamthaft sind dabei sieben Schluchten oder Gräben zu überbrücken. Im Moment sind bereits drei Panoramabrücken fertig und in Betrieb. Heute wollen wir ein Teilstück und die Hängebrücke über den Spissibach bei der Meielisalp erwandern. Die am 20. Dezember 2011 eingeweihte Hängebrücke ist 159 Meter lang und 59 Meter hoch. Bei der Bushaltestelle wird die Wanderzeit bis zur Meielisalp mit zwei Stunden angegeben. Das Startkaffee nehmen wir nach einer kurzen Einlaufzeit im Seeblick. Das Panorama von der Aussenterrasse auf den Thunersee und die Spiezerbucht ist fantastisch.

Der Weg, der nun vor uns liegt, ist reinstes Wandervergnügen: Blick auf den Thunersee, Niederhorn, Beatenbucht und sogar der Brienzersee sind im Blickfeld. Auf

Fotos: Fritz Hegi

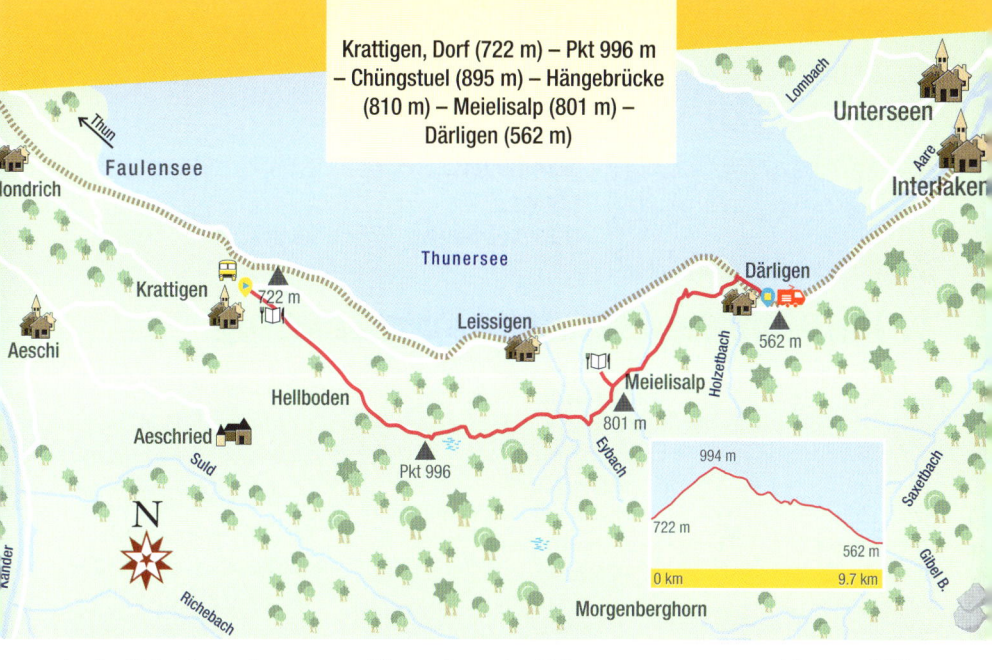

Krattigen, Dorf (722 m) – Pkt 996 m
– Chüngstuel (895 m) – Hängebrücke
(810 m) – Meielisalp (801 m) –
Därligen (562 m)

breiter Naturstrasse kommen wir gut voran. Es ist der Ogi-Weg, den wir nun begehen. Nach einem kurzen, steilen Aufstieg gelangen wir auf den Panoramaweg, der von Aeschi und Hellbode hierherführt. Bei einem frisch umgesägten Baumstamm zählen wir die Jahrringe und stellen fest, dass dieser gut 100 Jahre alt war.

Wir passieren den Chüngstuel. Bald sind wir bei der Hängebrücke und können so auf einfache Art den Spissibach überqueren. Man sieht weit unten noch die alten Treppen und den Übergang, den man früher, vor der Eröffnung der Hängebrücke, nehmen musste.
Von der Meielisalp kann man den Thunersee in seiner ganzen Länge und Fläche überblicken. Das Essen ist sehr gut. Zum Dessert genehmigen wir uns eine saftige Zuger Kirschtorte. Dabei rühmen wir den Wirt über den vielen Kirsch, der sich darin befindet. Er sagt, da habe es der Lehrling wahrscheinlich gut mit uns gemeint, weil er es gewesen sei, der diese Torte fabrizierte. Er wolle das Kompliment aber gerne weiterleiten.
Der Abstieg nach Därligen zu unserem Zielbahnhof dauert rund 40 Minuten.

Charakteristik:
Panoramawanderung über dem Thunersee – häufig auf guten Naturwegen.

BERNER OBERLAND

Wanderzeit: 3 h
Länge: 8 km
Höhendifferenz: 330 m bergauf, 750 m bergab

In Tuchfühlung mit der Eigernordwand

Anreise:
Mit der Bahn von Lauterbrunnen oder Grindelwald nach Kleine Scheidegg
Jahreszeit:
Juni bis Oktober
Wanderkarte:
1:50 000 Interlaken 254 T
Schwierigkeit:
mittelschwer

Startkaffee:
Restaurant Bahnhof Röstizzeria, 3801 Kleine Scheidegg
Mittagessen:
Berghaus Alpiglen, 3818 Grindelwald
Rückreise:
Von der Bahnstation Alpiglen nach Grindelwald oder über Kleine Scheidegg nach Wengen
Weitere Infos:
www.jungfrau.ch

Es ist ein ergreifendes Gefühl ganz nah am Fuss der berühmten Eigernordwand zu stehen und sie sogar mit der Hand berühren zu können. Die Eigernordwand mit einer Höhe von ungefähr 1650 Meter wurde 1938 durch eine Vierer-Seilschaft erstmals bestiegen. Es ereigneten sich zuvor und danach viele Bergdramen. Vor ein paar Jahren entstand ein Film mit dem Titel «Nordwand», der den tragischen Versuch der Erstbesteigung 1936 zum Thema nahm.
Auf der Kleinen Scheidegg wimmelt es nur so von Touristen. Es ist die Umsteigestation, um auf das Jungfraujoch zu gelangen. Diese Bahn ist bereits über 100 Jahre in Betrieb.
Die Jungfrau und das Silberhorn vor Augen nehmen wir den Aufstieg zur Station Eigergletscher in Angriff. Die vielen Schlangen-Knöteriche und weitere Alpenblumen sind eine Augenweide. Vom Eigergletscher ist nur noch ein kümmerlicher Rest übriggeblieben. Nur die Seitenmoränen sind noch da.
Der eigentliche Eigertrail beginnt gleich hinter dem Restaurant Eigergletscher. Wie auf einer Erinnerungstafel zu lesen ist, wurde er in 39 Arbeitstagen im August-September 1997 durch Adolf Gsteiger aus Grindelwald nur mit Schaufel, Pickel,

Fotos: Fritz Hegi, Fred Deutschle

Kleine Scheidegg (2016 m) –
Stn Eigergletscher (2320 m) –
Eigertrail (Pkt 2052 m) – Rinderalp
(1758 m) – Alpiglen (1610 m)

Hammer und Brecheisen erstellt.

Bis Alpiglen hinunter sind es sechs Kilometer mit einer Höhendifferenz von 705 Metern. Am Anfang ist der Weg sehr angenehm und hat kein grosses Gefälle. Der eigentliche Abstieg beginnt erst kurz vor Alpiglen.

Besonders eindrucksvoll ist das Plakat direkt bei der Wand, wo die Route aufgezeichnet ist, welche die Erstbesteiger 1938 wählten. Wir stehen also an dem Punkt, wo sie damals in die Wand einstiegen. Weiter oben sehen wir auch heute eine Gruppe Bergsteiger.

Staunen kann man immer wieder, zum Beispiel darüber, wie in dieser Steinwüste Alpenblumen in allen Farben herauswachsen, um ihre Schönheit zu zeigen. Wir sehen gelbe Dotterblumen, weisse Berganemonen und natürlich auch Alpenrosen. Von nun an geht es steil abwärts. Der Weg ist aber sehr gut angelegt, so dass es auch nicht allzu stark in die Knie geht. Ich habe es mir viel schlimmer vorgestellt. Eine etwas heikle Stelle ist mit Seilen gesichert.

Die Käseschnitte auf Alpiglen ist eine Wucht. Da fällt es einem nicht leicht, von dieser majestätischen Bergwelt wieder Abschied zu nehmen.

Charakteristik:
Leichte Bergwanderung am Fuss der berühmten Eiger-Nordwand

21

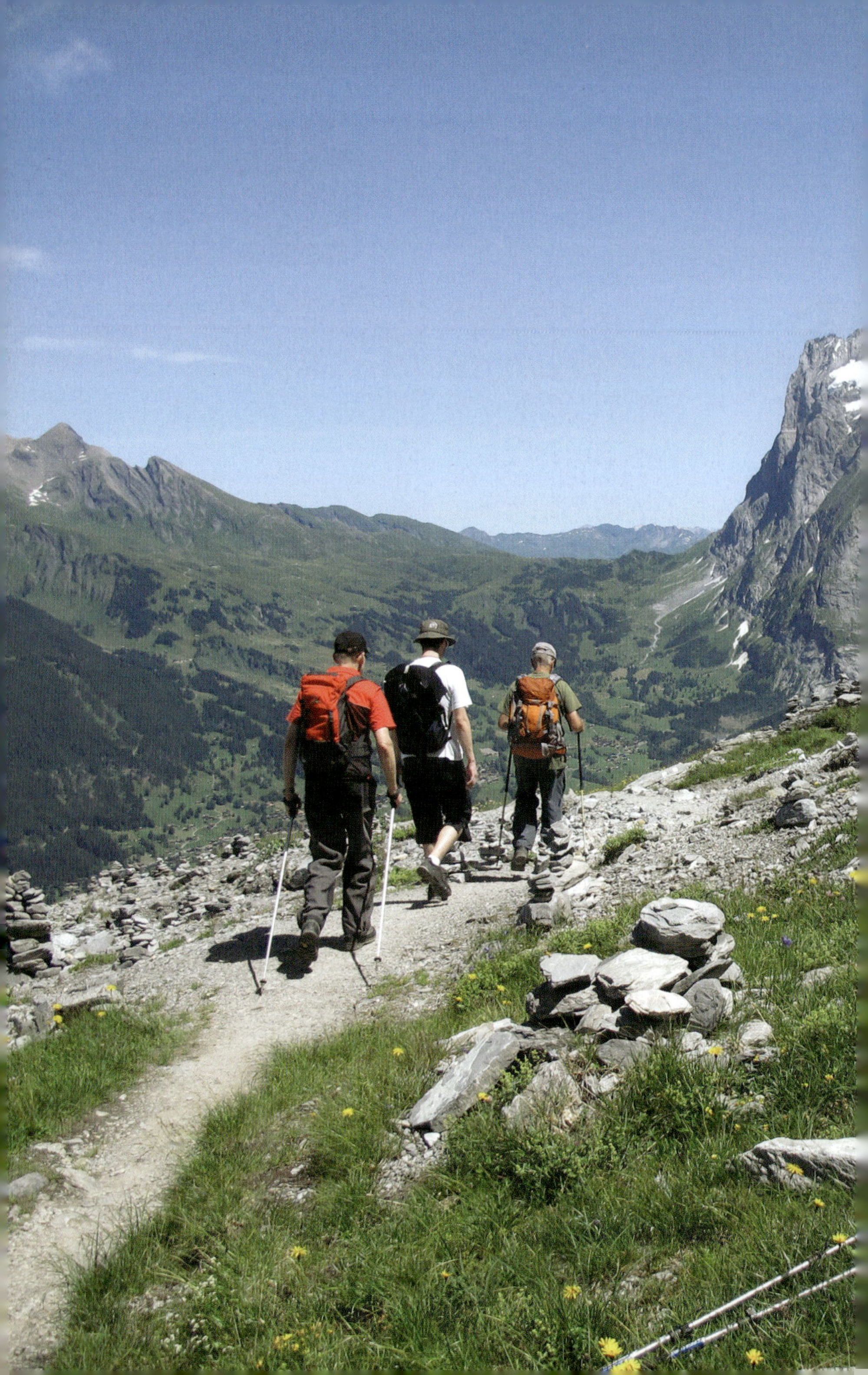

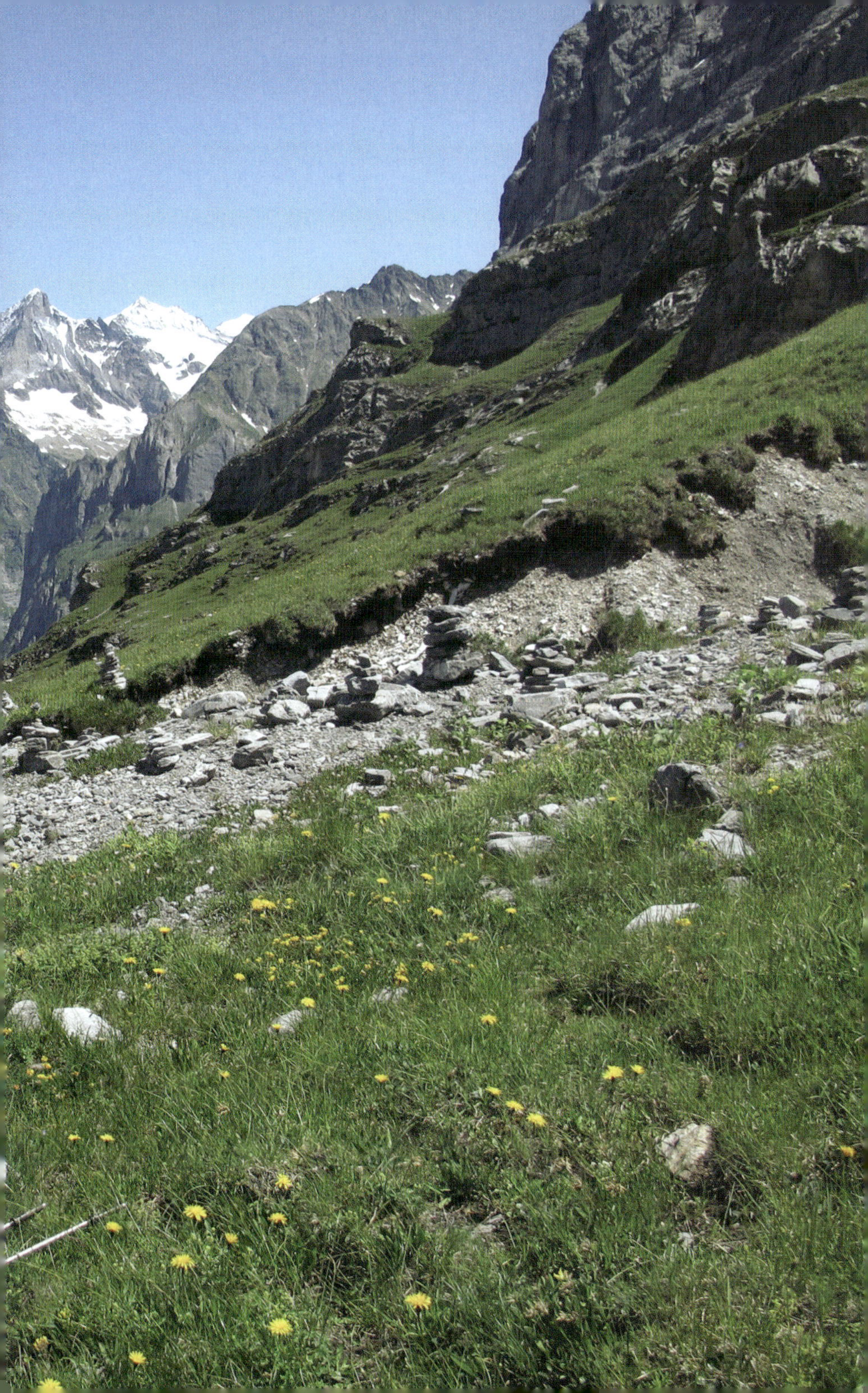

BERNER OBERLAND

Wanderzeit: 3 h
Länge: 9,5 km
Höhendifferenz: 150 m bergauf, 650 m bergab

«Dert hindä bim Louenesee»

Anreise:
Vom Bahnhof Gstaad zu Fuss zur Talstation der Wispile-Gondelbahn
Jahreszeit:
Juni bis Oktober
Wanderkarte:
1:50 000 Wildstrubel 263 T
Schwierigkeit:
mittelschwer
Startkaffee:
Bergrestaurant Wispile, 3780 Gstaad
Mittagessen:
Restaurant Lauenensee, 3782 Lauenen
Rückreise:
Mit dem Postauto ab Lauenensee bis Gstaad (fährt von Anfang Juni bis Mitte Oktober)
Weitere Infos:
www.lauenensee.net

Der Louwenesee wurde durch die Berner-Rockgruppe SPAN mit dem Song «Louenesee» schweizweit bekannt. Viele Leute kennen diesen, waren aber selber noch nie am See. Auch bei mir ist es erst das zweite Mal, dass ich diese Gegend erwandern möchte.

Vom Bahnhof des mondänen Nobelortes Gstaad marschieren wir bis zur Talstation Wispile. Es gibt zwar auch einen Bus, wenn man zeitlich etwas abkürzen möchte. Das Startkaffee geniessen wir auf der Höhe im Bergrestaurant Wispile. Nach ein paar hundert Metern entdeckt Peter, einer meiner Wanderkollegen, ein paar wunderschöne Fliegenpilze am Weg. Als Pilzkenner weiss und vermutet er, dass es in ihrer Nähe vielfach Steinpilze haben muss. Er verschwindet deshalb im Wald. Wir denken schon, dass das eine Pilzlerlegende sei und gehen weiter. Voller Freude und mit glänzenden Augen holt er uns kurz darauf mit ein paar grossen Steinpilzen ein. Er will davon am Abend ein herrliches Gericht zubereiten.

Naturstrasse und Grasweg wechseln sich nun ab. Das Tal links unten ist das Lauenental. Der markante Berg direkt vor uns heisst Spitzhore (2807 m ü. M.). Dann der Chrinetritt, wo es bald ein bisschen steil und ruppig nach unten geht. Der Weg

Fotos: Fritz Hegi

Bergstation Höhi Wispile (1907 m) – Chrinetritt (1805 m) – Drosleloch (1758 m) – Spitzi Egg (1570 m) – Lauenensee (1380 m)

wird breiter und bis zum Louwenesee soll er so bleiben. Allerdings steigt er zuerst noch ein kurzes Stück an. Dann sehen wir ihn endlich – den Louwenesee. Eigentlich sind es ja zwei Seen, die durch Sumpfland miteinander verbunden sind. Seit den 1970er-Jahren stehen die beiden Seen und das Moorgebiet unter Naturschutz. Ganz hinten im Tal entdeckten wir einen schönen Wasserfall, der ebenso wie der Louwenesee ins Bundesinventar der Landschaften von nationaler Bedeutung gehört.

Im Restaurant essen wir eine Bratwurst mit Kartoffelsalat. Auf dem Tischset ein Spruch von Bob Dylan, der wunderbar zum heutigen Tag passt: «Was bedeutet schon Geld? Ein Mensch ist erfolgreich, wenn er zwischen Aufstehen und Schlafengehen das tut, was ihm gefällt». Wir waren sehr erfolgreich heute! Die Postautostation für die Verbindung nach Gstaad liegt nicht weit vom Restaurant entfernt. Der Fussmarsch bis ins Dorf Lauenen würde noch eine zusätzliche Stunde dauern.

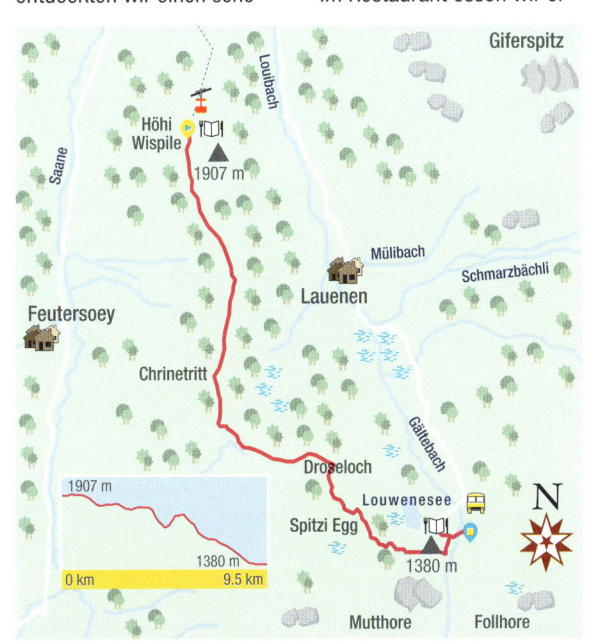

Charakteristik:
Einfache, aber lohnende Höhenwanderung mit angenehmem Abstieg zu einem idyllischen See

BERNER OBERLAND

Wanderzeit: 3 h 30 min
Länge: 11,2 km
Höhendifferenz: 400 m bergauf, 280 m bergab

Ländliche Gastfreundschaft am Zulgweg

Anreise:
Ab Thun mit dem Bus nach Schwarzenegg, Bären
Jahreszeit:
April bis November
Wanderkarte:
1:50 000 Escholzmatt 244 T und Interlaken 254 T
Schwierigkeit:
mittelschwer
Startkaffee:
Gasthof Bären, Hauptstrasse 3, 3616 Schwarzenegg (Ruhetag: DO) oder Restaurant zum Kreuz (Ruhetag: MO)
Mittagessen:
Am Schluss der Wanderung im Gasthof Säge, 3619 Innereriz (Ruhetag: MI)
Rückreise:
Ab Innereriz, Säge mit dem Bus nach Thun
Weitere Infos:
www.wanderfritz.ch/docs/Zulgroute.pdf

Da ich meine Wanderung meistens am Donnerstag unternehme, haben wir mit dem Startkaffee in Schwarzenegg keine Chance, der Gasthof Bären ist geschlossen. Wir stehen etwas ratlos auf dem Postplatz in Schwarzenegg herum und fragen zufällig eine Postkundin, ob es vielleicht noch ein anderes Restaurant gibt, das offen hat. Leider sind die anderen geschlossen. Frau Reusser, so heisst die Frau, lädt uns darauf spontan zu unserer grossen Überraschung in ihr stattliches Bauernhaus zu einem Kaffee ein. Sogar Gipfeli besorgt sie uns. Immerhin sind wir zehn Personen, und natürlich zahlen wir ihr gerne etwas. Wir bewundern ihren wunderschönen Garten und vernehmen auch viel von ihrem Leben als ursprüngliche Städterin, die sich schon als kleines Mädchen ein Landleben als grosses Ziel vorstellte. Sie heiratete später einen Landwirt, und so ist sie heute glückliche Bäuerin. Den ganzen Zulgweg von Steffisburg ins Innereriz kann man in einem Stück machen oder bequem in zwei Etappen aufteilen. Die ganze Strecke misst ca. 18,6 Kilometer und die Wanderzeit dauert gut sechs Stunden. Wir wollen uns nicht überfordern und wandern nur von Schwarzenegg

Fotos: Fritz Hegi

Schwarzenegg, Bären (920 m) –
Koppisbrügg (860 m) – Zulgweg
(957 m) – Innereriz, Säge (1039 m)

nach Innereriz, was etwa der Hälfte der gesamten Wanderzeit und Strecke entspricht.

Die Zulg hat ein grosses Einzugsgebiet. Normalerweise plätschert sie als kleines Bächlein dahin, bei Unwettern kann sie sich aber schlagartig in einen reissenden Fluss verwandeln wie am 3. Mai 2013. Auf Youtube findet man viele Amateuraufnahmen davon. Bei der Koppisbrügg legen wir eine erste Trinkpause ein.

Wir wandern nun in angenehmem Auf und Ab meistens auf Naturstrassen. Weiter gegen Eriz haben wir den mächtigen Hohgant direkt vor uns. Vorgesehen war, dass wir im Restaurant Säge in Innereriz richtig essen. Der nächste Bus fährt aber in einer halben Stunde, der übernächste erst in zwei Stunden. So reicht es «nur» für ein belegtes Brot. Dieses ist aber fast so reichhaltig und gut wie ein komplettes Mittagessen.

Charakteristik:
Einzigartige und abwechslungsreiche Wanderung der Zulg entlang

BERNER OBERLAND

Wanderzeit: 2 h 30 min
Länge: 7,1 km
Höhendifferenz: 210 m bergauf, 600 m bergab

Simmenfälle – geheimnisvoller Kraftort

Anreise:
Von der Bahnstation Lenk mit dem Bus bis zur Talsation der Metschbahn. Von dort mit der Luftseilbahn auf die Metsch (Betriebszeiten beachten).
Jahreszeit:
Mitte Mai bis Mitte Oktober
Wanderkarte:
1:50 000 Wildstrubel 263 T
Schwierigkeit:
mittelschwer
Startkaffee:
Bergstation Metschbahn, 3775 Lenk im Simmental
(Ruhetag: MO und DI)
Mittagessen:
Hotel Restaurant Simmenfälle, 3775 Lenk im Simmental (Öffnungszeiten: Mai und Juni; Ruhetag: DI)
Rückreise:
Vom Restaurant Simmenfälle mit dem Bus zurück in die Lenk
Weitere Infos:
www.lenk-simmental.ch

Von Kraftorten habe ich breits viel gelesen und auch schon viele besucht. Was ist nun aber eigentlich ein Kraftort? Auf der Homepage von Kurt und Margrit Rüfenacht habe ich folgende Definition gefunden: «Ein Kraftort ist ein Platz, an dem man Energie spüren und sie in sich aufnehmen kann. Es gibt den persönlichen Kraftort, an dem man sich einfach geborgen fühlt und neue Kraft tanken kann und dann gibt es Kraftorte, die allgemein bekannt sind und wo sich sehr viel Energie befindet. Meist wurden diese Kraftorte von unseren Vorfahren als rituelle Stätten benutzt. Bestes Beispiel dafür ist Stonehenge (England), wo man heute eindeutig noch die Energien fühlen kann.»

Wir sind gespannt, ob wir bei den Simmenfällen die Kraft spüren, welche hier vorhanden sein soll. Wir beginnen unsere Wanderung auf der Metschalp (1470 m ü. M.). Es ist zu beachten, dass die Bahn im Sommer nur von Mittwoch bis Sonntag in Betrieb steht. Im Winter ist sie Teil des Skizirkus Adelboden/Lenk und hat tägliche Betriebszeiten. Es ist eine breite Naturstrasse, auf der wir am Anfang wandern. Später gehts in einen Bergweg über. Beim Tobel des Bummerebachs müssen wir einen kleinen Umweg nach unten machen, weil der Übergang weiter oben weggeschwemmt wurde. Dadurch sind ein paar Höhenmeter mehr zu bewältigen. Zwischen Nessli und Stalde gibt es eine breite, aber brutal steile Naturstrasse nach unten.

Fotos: Fritz Hegi

Metsch, Bergstation (1471 m) – Uf der Egge (1494 m) – Nessli (1645 m) – Stalde (1370 m) – Barbarabrügg, Simmefälle (1240 m) – Rest. Simmenfälle (1105 m)

Bei Stalde könnte man in 20 Minuten noch zu den «Sibe Brünne» wandern. Wir lassen es sein, weil wir doch bereits etwas hungrig sind und noch genügend Zeit einrechnen wollen, um die Simmenfälle bei der Barbarabrücke «kraftortmässig» auf uns einwirken zu lassen. Unter kraftorte.webshopbau.ch lese ich, dass das Wasser durch die Geschwindigkeit, mit der es durch die Felsen und über Flühe schiesst, stark aufgeladen wird und eine überaus anregende Atmosphäre verbreitet. Dem können wir nur zustimmen.

Charakteristik:
Teilweise steil bergab, aber ein schönes Panorama und ein Kraft spendender Wasserfall

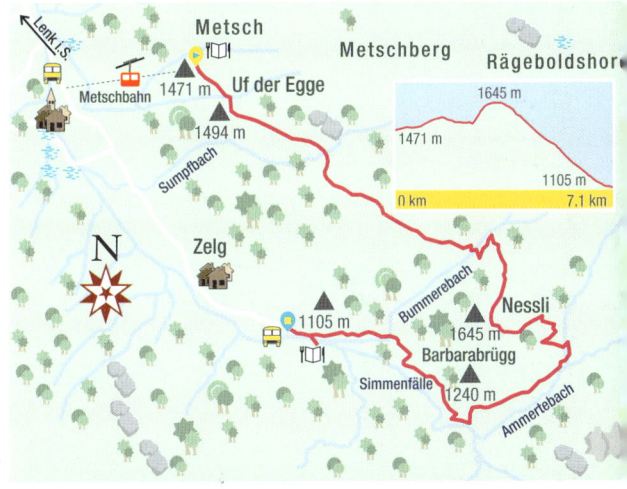

ZENTRALSCHWEIZ

31

ZENTRALSCHWEIZ

Wanderzeit: 2 h 40 min (Verlängerung plus 1 h)
Länge: 10,1 km (Verlängerung plus 4,3 km)
Höhendifferenz: 50 m bergauf, 20 m bergab

Erholsamer Uferweg an der Kleinen Emme

Anreise:
Nach Emmenbrücke mit den SBB
Jahreszeit:
ganzjährig
Wanderkarte:
1:50 000 Rotkreuz 235T und Willisau 234T
Schwierigkeit:
sehr leicht
Startkaffee:
Restaurant Seetal, Hochdorferstr. 1, 6020 Emmenbrücke
Mittagessen:
Restaurant Brauerei, Luzernstr. 102, 6102 Malters (Ruhetage: SO + MO)
Rückreise:
Ab Malters bzw. Schachen LU mit den SBB
Weitere Infos:
www.ewl-luzern.ch

Station Emmenbrücke: Vor etwa 50 Jahren stieg ich hier ebenfalls aus dem Zug und marschierte Richtung Kaserne Emmen. Es war mein Einrückungstag in die Rekrutenschule (RS) bei den Flab-Truppen. Heute ist mir wohler zumute, und wir spazieren in offener Formation genau in die entgegengesetzte Richtung an die Emme.

Auf dem Emmenweg könnte man alles am Ufer entlang bis nach Sörenberg wandern. Einen Teil davon zwischen Wolhusen und Entlebuch habe ich im Wanderbuch «WanderFritz 2» vorgestellt und empfohlen. Vorbei am riesigen Stahlwerk «SwissSteel» (früher von Moos) gelangen wir nach Littau. Diese Gemeinde hat kürzlich mit der Stadt Luzern fusioniert. Etwas weiter vorne auf der linken Uferseite (orographisch gesehen) wird ein Teil des Wassers der kleinen Emme rechts in den zwei Kilometer

Fotos: Fritz Hegi

Emmenbrücke (438 m) – Torenberg (456 m) – Littau (456 m) – Blatterbrugg (476 m) – Malters (498 m)

langen Oberwasserkanal des Kraftwerks Torenberg abgeleitet.

Malters erreichen wir nach zweieinhalb Stunden. Hier fanden während der zweiten Freischarenzüge (1844/45) blutige Kämpfe statt. Die bei dem Gefecht vor dem Gasthaus Klösterli gefallenen 28 Freischärler wurden auf dem Friedhof in Malters begraben. Etwa 450 Kämpfer, darunter 30 Verwundete, gerieten in Gefangenschaft. Der in Malters aufgestellte Freischarengedenkstein für die gefallenen Krieger sollte ursprünglich auf dem Rütli stehen. Er löste dann aber so heftige Diskussionen aus, dass man dieses Denkmal als unpassend für die «Nationalwiese» empfand und vorerst nur den Obelisk, den oberen Teil in Luzern aufstellte.

Charakteristik:
einfache und flache Flussuferwanderung

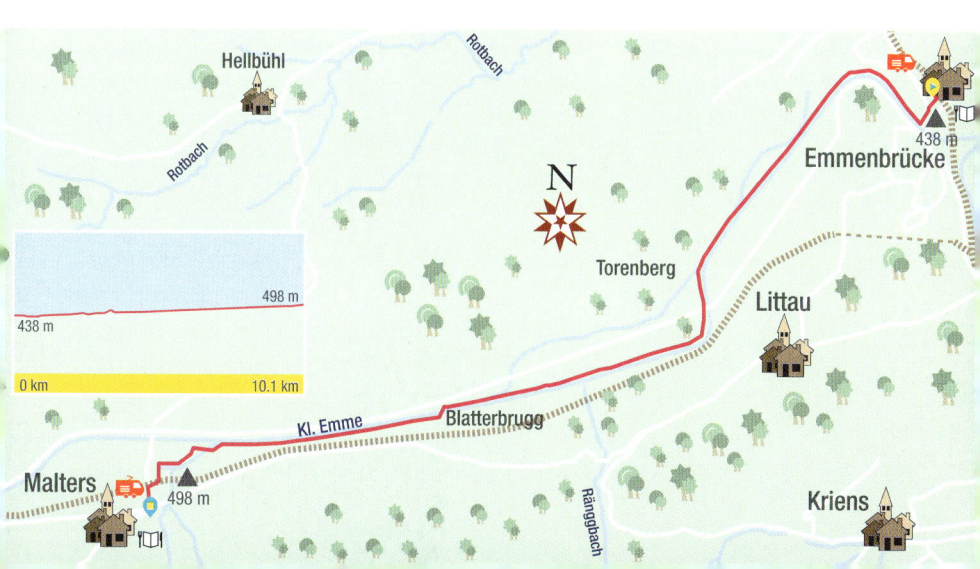

ZENTRALSCHWEIZ

Wanderzeit: 3 h 15 min
Länge: 12,35 km
Höhendifferenz: 135 m bergauf, 620 m bergab

Vom Entlebuch ins Emmental

Anreise:
Mit dem Bus nach Sörenberg, von dort mit der Gondelbahn auf die Rossweid – Betriebszeiten beachten! Wintersaison Mitte Dez. bis Anfang April, Sommersaison: Ende Mai bis Mitte Oktober
Jahreszeit:
ganzjährig
Wanderkarte:
1:50 000 Escholzmatt 244T
Schwierigkeit:
leicht/mittelschwer

Startkaffee:
Peter's Café-Lounge-Restaurant, Rothorn-Center 2, 6174 Sörenberg
Mittagessen:
unterwegs in Bergrestaurant Salwidili
Rückreise:
Mit dem Bus ab Kemmeribodenbad nach Escholzmatt und von dort weiter mit der Bahn
Weitere Infos:
www.soerenberg.ch

Es ist unsere erste Winterwanderung im Jahr, die am Schluss eine dramatische Überraschung bereithält. Mit der modernen Gondelbahn fahren wir auf die Rossweid. Es hat viel Skifahrervolk hier oben. Die Winterwanderwegweiser sind pink und zeigen die Richtung nach Kemmeribodenbad klar an. Nach dem Überqueren der Skipiste folgen wir dem gut präparierten Winterweg, der parallel zur Langlaufloipe angelegt ist. Bis zum Bergrestaurant Salwidili sind wir rund eine Stunde unterwegs. Vor uns liegt die Schrattenfluh – sie wartet mit einer ungewohnten Silhouette auf, von der Bernerseite kennen wir sie ganz anders. Dort gibt es schroffe Felswände, hier nur sanft abfallende Hänge. Hengst (2092 m ü. M.) und Hächle (2088 m ü. M.) sind die sichtbaren Berge von dieser Seite. Der Schibegütsch ist etwas verdeckt. Der Hohgant erhebt sich auf der linken Seite des Einschnittes.
Wir haben wieder die Skipiste zu überqueren. Beim Salwidili könnten wir im Bergrestaurant einkehren. Da es aber noch etwas zu früh ist, entscheiden wir uns, weiterzuwandern und zu schauen, ob wir bis Kemeribodenbad durchhalten. Beim Schneebärgli stellen

Fotos: Fritz Hegi

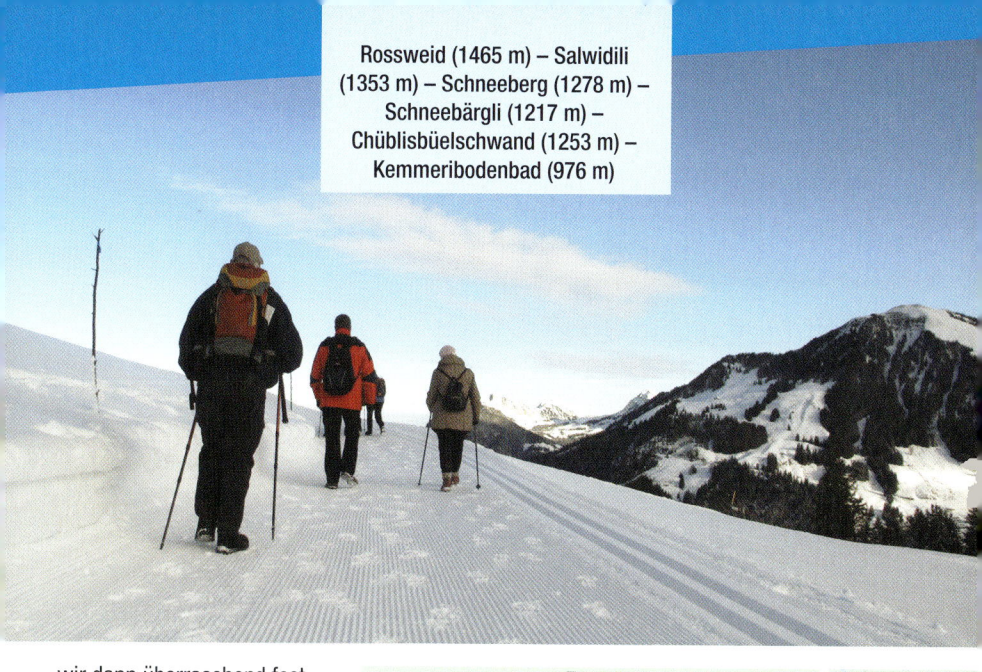

Rossweid (1465 m) – Salwidili (1353 m) – Schneeberg (1278 m) – Schneebärgli (1217 m) – Chüblisbüelschwand (1253 m) – Kemmeribodenbad (976 m)

wir dann überraschend fest, dass der direkte Weg wegen Lawinengefahr gesperrt ist. Wir wandern deshalb ins Tobel hinab und überqueren den Bärselbach. Von dort bis zu Geri's Beizli sind es etwa 20 Minuten mit rund 100 Meter Höhendifferenz. Bei Geri's wissen wir nicht so richtig, ob man uns als Mittagsgäste wirklich willkommen heisst. Die Wirtin sagt uns, wir müssen auf der Terrasse bleiben, weil in der Gaststube die Weihnachtsdekoration noch nicht abgeräumt sei. Wir setzen uns also bei Sonnenschein auf die Terrasse. Nach einiger Zeit verschwindet die Sonne aber und es wird bitter kalt. So entschliesst sich die Wirtin dann doch noch die Dekoration wegzuräumen, und wir können drinnen unsere Wurst essen.

Kurz vor dem Kemmeribodenbad folgt dann das Drama. Hansruedi rutscht auf einer Eisplatte aus und kann keinen Schritt mehr laufen, da er sich das Knie verletzt hat. Wir rufen die Sanität, welche in 45 Minuten eintrifft. Für einen Teil der Gruppe, der bei Hansruedi wartet, heisst es die Kemmeribodenbad-Meringue ein anderes Mal zu geniessen.

Charakteristik:
Angenehme Winterwanderung mit geringem Auf- und etwas grösserem Abstieg

35

ZENTRALSCHWEIZ

Wanderzeit: 3 h
Länge: 9,2 km
Höhendifferenz: 250 m bergauf, 500 m bergab

Bergwanderung über dem Schächental

Anreise:
Mit der Bahn nach Flüelen, von dort mit dem Klausenpass-Postauto nach Unterschächen, Untere Balm
Jahreszeit:
Mai bis Oktober
Wanderkarte:
1:50 000 Klausenpass 246T
Schwierigkeit:
mittelschwer
Startkaffee:
nach ca. 40 min Wanderzeit im Alpbeizli Heidmanegg von Bernadett Arnold-Bissig (offen ca. Juni bis Oktober)
Mittagessen:
Berggasthaus Ratzi, 6464 Spiringen (offen von Juni bis November, kein fester Ruhetag)
Rückreise:
Ab Ratzi mit der Seilbahn nach Spiringen, mit dem Postauto ab Haltestelle Post nach Flüelen
Weitere Infos:
www.seilbahnen-uri.ch

Kurz vor der scharfen Rechtskurve in der unteren Balm hält das Postauto. Auf den vielen gelben Wegweisern ist Ratzi mit 3 h 10 min angegeben. Bei uns wird die Wanderung aber sicher etwas länger dauern, weil wir unterwegs noch etwas zu feiern haben. Wir folgen der Route 595, dem «Schächentaler Höhenweg», Richtung Eggbergen. Die Route 595 ist Bestandteil der Via Alpina, welche von Vaduz bis Montreux führt, und 14 der schönsten Alpenpässe überquert. Normalerweise beginnen wir unsere Wanderung immer mit einem Startkaffe und Gipfeli. Diesmal wandern wir zuerst etwa 40 Minuten auf breiter Naturstrasse bis zur Heidmanegg. Beim urchigen Restaurant mit schönen Aussenplätzen und herrlicher Aussicht geniessen wir Kaffee, Tee, heisse und kalte Ovo. Den Verlauf des Wanderwegs sehen wir nun bereits von weitem. Wenn ich die Möglichkeit hätte, einen Wanderweg nach meinen Idealvorstellungen zu konzipieren, so würde er etwa wie folgt aussehen: mässige Steigungen, nicht zu steil abwärts, stets Naturwege, keine grossen

Fotos: Verena und Fritz Hegi

Unterschächen, Untere Balm
(1770 m) – Heidmanegg (1862 m) –
Heger Wald (1680 m) –
Älpeli (1668 m) – Ratzi (1513 m)

Absätze, gut ausgeschildert, wunderbare Aussicht, Beizli am Weg – und natürlich eine Seilbahn, die uns ins Tal hinunterbringt, um das Knieschlottern am Schluss zu verhindern. All dies findet man perfekt auf unserem Weg im Schächental. Bei einem Blick zurück Richtung Klausenpass sieht man das Chli-Gross-Schärhorn. Beim Heger Wald machen wir einen Trinkhalt. Links auf der anderen Seite ist das urige Brunnital gut erkennbar. Nun zu dem, was wir zu feiern haben. Vor zwei Tagen (August 2011) ist mein erstes Wanderbuch «Wandern täglich» mit 52 Wanderungen erschienen. Ein Grund für mich, im Heger Wald einen Weissen zu öffnen und mit meinen Wanderfreunden darauf anzustossen.
Im Ratzi nahmen wir zum guten Essen noch einen Schluck Roten, und ich signiere meine ersten Bücher.

Schliesslich folgt noch die Talfahrt mit der Luftseilbahn. Im Kanton Uri gibt es sage und schreibe 39 Seilbahnen. Ratzi–Spiringen ist eine davon und wir sind dankbar, sie benützen zu können.

Charakteristik:
Wunderschöne Bergwanderung mit grandioser Aussicht

ZENTRALSCHWEIZ

Wanderzeit: 3 h 30 min
Länge: 10,6 km
Höhendifferenz: 450 m bergauf, 750 m bergab

Es lauert der Jäger hinter dem Busch …

Anreise:
Mit dem Postauto nach Emmetten und kurzer Fussmarsch zur Talstation der Luftseilbahn Emmetten–Niederbauen
Jahreszeit:
Juni bis Oktober
Wanderkarte:
1:50 000 Stans 245T
Schwierigkeit:
anspruchsvoll
Startkaffee:
Berggasthaus Niederbauen (von Mitte April bis Ende Oktober geöffnet)
Mittagessen:
Berggasthaus Stockhütte (von Mitte Mai bis Ende Oktober geöffnet)
Rückreise:
Von Stockhütte mit der Gondelbahn nach Emmetten, von dort weiter mit dem Postauto
Weitere Infos:
www.berggasthaus-niederbauen.ch

Weit unter uns in schönem Tiefblau breitet sich der Vierwaldstättersee aus, verengt sich bei Unternas (Seite Bürgenstock) und Obernas (Seite Viitznau) zu einer engeren Stelle und öffnet sich dahinter wieder. Direkt gegenüber erhebt sich die Rigi. Als Berner nannte ich diesen Berg, bis vor einigen Jahren immer den Rigi, bis mich eine Innerschweizer Arbeitskollegin darauf aufmerksam machte, dass die Rigi nicht männlich, sondern weiblich sei. Davon bin ich seither jedesmal überzeugt, wenn ich sie sehe, denn so schön kann nur eine Frau sein. Wir stehen auf der Terrasse des Bergrestaurants Niederbauen. Unser Ziel, die Stockhütte, ist luftlinienmässig bloss zwei Kilometer entfernt. Da unser Weg aber in einen grossen Kessel führt, ist er schliesslich über zehn Kilometer lang. Wir hätten heute gerne Tiere in freier Wildbahn beobachtet. Das wird aber schlecht möglich sein, weil diese Woche die Jagdsaison eröffnet wurde.
Bei Fulberg, den wir nach einer mässigen Steigung erreichen, erwartet uns wieder ein phänomenaler Aussichtspunkt. Jetzt sehen wir den Urnersee unter uns. Auf der andern Seite, rechts neben dem Fronalpstock, geht es von Sisikon tief ins Riemenstaldental hinein. Das steht übrigens auch seit Jahren schon auf meiner Wanderwunschliste. Vielleicht schaffe ich es das nächste Jahr! Wir wandern weiter und werfen einen Blick in

Fotos: Fritz Hegi

Niederbauen (1570 m) – Fulberg (1689 m) – Wandeli (1320 m) – Ronen (1294 m) – Twäregg (1499 m) – Stockhütte (1279 m)

die frühe Erdgeschichte. Die Sedimentschichten haben sich im Verlaufe von Millionen von Jahren gefaltet und geben uns hier einen besonders guten Aufschluss wie die Kräfte gewirkt haben müssen. Und plötzlich, wir erschrecken schon gewaltig, schauen wir direkt in den Lauf einer Flinte. Der Jäger hat sich gut getarnt und war für uns von weitem nicht sichtbar. Neben dem Weg aufgestellt, lauert er nun auf Wild, das ihm vielleicht vor die Jagdbüchse läuft. Zum Glück hat er uns nicht mit einem Vierbeiner verwechselt. Wir überqueren den Ängibach, der kurz vor dem See durchs Grueblital braust. Unser Weg steigt nochmals kurz an bis zur Lochhütte. Von dort ist es nicht mehr weit bis zur Stockhütte.

Charakteristik:
Bergwanderung mit überraschend schönen Aussichtspunkten

39

ZENTRALSCHWEIZ

Wanderzeit: 3 h 30 min
Länge: 10 km
Höhendifferenz: 460 m bergauf, 460 m bergab

Berauschender Tiefblick nach steilem Aufstieg

Anreise:
Ab Flüelen mit dem Niederflurbus nach Schattdorf, Drogerie und kurzer Fussmarsch zur Talstation der Seilbahn LSH
Jahreszeit:
Juni bis Oktober
Wanderkarte:
1:50 000 Klausenpass 246T
Schwierigkeit:
anspruchsvoll

Startkaffee:
Bäckerei Tell, Kirchgasse 2, 6467 Schattdorf
Mittagessen:
Skihaus Ski- und Sport-Club Schattdorf (FR–MO geöffnet), Alpenrösli Haldi (unregelmässig geöffnet, Tel. 079 429 62 30)
Rückreise:
Auf dem gleichen Weg zurück
Weitere Infos:
www.rest-alpenroesli-haldi.ch

Wir schwitzen und schnaufen etwas, steigen im Wald ziemlich steil auf und befinden uns zwischen Süessberg und der Alp Gampelen. Es ist die einzige grössere Höhendifferenz von etwa 400 m, die wir heute auf so kurzer Distanz zu überwinden haben.
Gestartet sind wir bei der Bergstation Haldi. Diese Seilbahn akzeptiert erfreulicherweise das GA. Die Hochebene und der Kessel, die sich hier auftun, sind überraschend gross. Dies hätte man unten im Talboden bei Schattdorf nicht erwartet. Auf dem Weg nach Süessberg entdecken wir rechts einen grossen Stein mit der Gedenktafel für den Naturforscher und Arzt Karl Franz Lusser. Über die Suchmaschine Google habe ich herausgefunden, dass er von 1790 bis 1859 lebte. Er war Arzt in Altdorf und betrieb daneben geologische Studien im Raum Gotthard-Rigi. Auch botanische Sammlungen legte er an. Und als Politiker konservativer Richtung prägte der vielfältige Lusser die neue Kantonsverfassung von 1850. Ab Süessberg haben wir zwei Möglichkeiten, die Rundwanderung zur Alp Schilt zu unternehmen. Wir wählen den Weg im Uhrzeigersinn, d.h. zuerst nehmen wir den steilen Aufstieg. Annelore weiss das zu schätzen. Kürzlich hat sie das Knie operieren lassen und das steile Abwärtsgehen

Fotos: Fritz Hegi

Haldi (1078 m) – Lusserstein (1170 m) – Schwandiberg (1222 m) – Süessberg (1220 m) – Gampelen (1459 m) – Schilt (1445 m) – Schwändli (1235 m) – Süessberg (1220 m) – Haldi (1078 m)

bereitet ihr noch immer Schmerzen. Auf der Alp Gampelen treffen wir auf eine Hochebene mit lichtem Wald und einem Rastplatz. Für uns wird es Zeit, einen Trinkhalt nach dem doch recht anstrengenden Aufstieg einzuschalten.

Auf dem Schilt, einer Alp, die nur im Sommer bewohnt wird, erwartet uns eine sagenhafte Aussicht: vor uns, weit unten die Reussebene mit Altdorf, Flüelen und dem Urnersee – wenn wir uns ein wenig nach links bewegen, können wir mit einem Blick nach unten die Ein- und Ausgänge des neuen Gotthard-Eisenbahntunnels sehen. Der Abstieg nach Süessberg auf einer breiten Naturstrasse strengt nicht sonderlich an. Das Knie von Annelore dankt es. In Süessberg kehren wir im Heirchä-Beizli ein. Leider ist der Betrieb inzwischen eingestellt worden, weil es der Bergbauernfamilie zuviel wurde mit dem Bauern und dem Restaurantbetrieb. Es ist sehr bedauerlich, dass damit eine urige Beiz mehr verschwindet. Im Haldi gibt es aber seit jeher noch verschiedene andere Möglichkeiten zur Einkehr.

Charakteristik:
Bergwanderung mit etwas steilem Aufstieg zu einem fantastischen Aussichtspunkt.

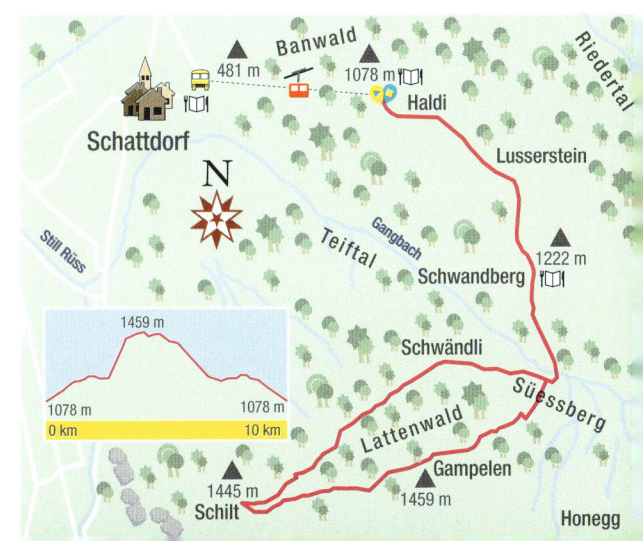

ZENTRALSCHWEIZ

Wanderzeit: 3 h 20 min
Länge: 12 km
Höhendifferenz: 345 m bergauf, 215 m bergab

Vom Sempachersee ins benachbarte Rottal

Anreise:
Mit der Bahn nach Nottwil
Jahreszeit:
ganzjährig
Wanderkarte:
1:50 000 Willisau 234T
Schwierigkeit:
mittelschwer
Startkaffee:
Café Künzli, Kantonsstrasse 5, 6207 Nottwil

Mittagessen:
Restaurant Kreuz, Dorf 6, 6018 Buttisholz (Ruhetage: SA+SO)
Rückreise:
Ab Ruswil, Rottalcenter mit dem Niederflurbus nach Sursee (einige Kurse mit Umsteigen in Ettiswil) oder nach Luzern.
Weitere Infos:
www.nottwil.ch

Es ist der letzte Tag im Januar, die Temperaturen aber bereits im Vorfrühlingsbereich. Wir wandern über den Nottelerberg ins Rottal. Erstes Zwischenziel ist also das grosse Kreuz auf diesem Hügel in der Zentralschweiz. Zuerst gehts etwas über Asphalt, später zum Glück über Gras und Stein. Unser Weg führt uns an einem Kunstwerk aus Buchs vorbei. An einem Baum entdecken wir sogar erste Frühlingsboten: «Widebüsseli», wie sie auf Berndeutsch heissen. Eine Höhendifferenz ist natürlich auch zu überwinden, bis wir oben sind. Die Aussicht beim weissen Kreuz belohnt uns aber reichlich für die kleine Mühe. Den Sempachersee können wir auf seiner ganzen Länge überblicken. Auf der andern Seite des Sees erkennen wir den alten Sendeturm von Beromünster. Der lange Hügelzug heisst Erlosen. Dahinter, nicht sichtbar, befindet sich der Baldeggersee – eine wirklich liebliche Gegend.
Über Figlisberg, Mittelarig kommen wir in den Horütiwald vor Buttisholz und sind nun im Luzerner Hinterland. Die Naturstrasse ist leider komplett vereist. Grosse Vorsicht ist deshalb geboten, einige montieren sogar Spikes unter die Schuhe. In Buttisholz entscheiden wir uns für einen Mittagshalt. Auf der Schlussetappe nach Ruswil besuchen wir noch die Wallfahrtskappelle St. Ottilien. Robert hat sich vorbereitet und kann uns über die Namenspatronin Ottilia, deren Statue mitten in der Kirche steht, etwas erzählen. Hier die Kurzfassung: Ottilia

Fotos: Verena und Fritz Hegi

Nottwil (513 m) – Pkt mit Kreuz (712 m) – Figlisberg (698 m) – Mittelarig (698 m) – Buttisholz (565 m) – St. Ottilien (595 m) – Ruswil (637 m)

wurde blind geboren. Ihr Vater, ein Herzog, wollte sie töten lassen. Die Mutter brachte sie aber in einem Kloster in Sicherheit. Beim Akt der Taufe wurde Ottilia dann plötzlich sehend.
Und noch etwas anderes: Im Dachgebälk hausen rund 300 Fledermausweibchen von Mitte März bis Mitte August. Die Männchen haben dort nichts zu suchen. Sie halten sich in der Umgebung auf. Am Dachgebälk hängend, bringen die Weibchen die blinden und nackten Jungen zur Welt. Dem Nachwuchs steht kein Nest zur Verfügung. Sie hängen sich beim Geburtsvorgang direkt an das Dachgebälk und an die Mutter. Eine Geschichte, die eigentlich noch ganz gut zur blinden Ottilie passt.

Charakteristik:
Angenehme Wanderung über einen lieblichen Hügel

43

ZENTRALSCHWEIZ

Wanderzeit: 3 h 20 min
Länge: 12,7 km
Höhendifferenz: 340 m bergauf, 150 m bergab

Bizarre Eiszapfen in der Region Willisau

Anreise:
Mit den SBB nach Nebikon
Jahreszeit:
ganzjährig
Wanderkarte:
1:50 000 Willisau 234T
Schwierigkeit:
mittelschwer
Startkaffee:
Café Wegere, Kirchstrasse 17, 6244 Nebikon
(Ruhetag: SA ab 12.00 und SO)
Mittagessen:
Gasthof Ochsen, Dorfstrasse 54, 6142 Gettnau
(Ruhetag: SO+MO)
Rückreise:
Ab Willisau mit der Bahn nach Langenthal oder Wolhusen
Weitere Infos:
www.willisau-tourismus.ch

Nebikon gehört eigentlich nicht mehr ins Luzerner Hinterland, sondern ins Wiggertal. Nach Auskunft des technischen Leiters der Luzerner Wanderwege bildet die Wigger die östliche Grenze des Hinterlands. Im regionalen Verkehrsbüro Willisau sagt man mir allerdings, dass es den Begriff Hinterland für sie eigentlich gar nicht mehr gäbe, da man heute nur noch von der Region Willisau spreche und die sei etwas grösser gefasst, als das blosse Hinterland und da gehöre Nebikon dazu. Wie dem auch sei, wir wandern heute also in der Region Willisau oder eben vom Wiggertal ins Luzerner Hinterland.

Mir als Berner ist das Hinterland immer noch sympathischer …
Fast mehr als die Hälfte der Zeit geht es gemütlich dem kleinen Flüsschen Luthern entlang, welches in Nebikon in die Wigger mündet. Hier wird dem Bach wieder ein bisschen der natürliche Lauf zurückgegeben, indem verschiedene Renaturierungen vorgenommen wurden. Über weite Strecken ist das Flüsschen aber in einen Kanal gezwängt. Der Wanderweg verläuft idealerweise fast ausschliesslich auf Naturwegen – einzige Ausnahme: die ersten zwei Kilometer zwischen Nebikon und dem Weiler Gläng.
Wir haben Ende März und nach dem strengen Winter hängen die Eiszapfen am gegenüberliegenden Ufer immer noch tief herunter. Am Boden unter den Eiszap-

Fotos: Verena und Fritz Hegi

44

Nebikon (485 m) – Niderwil (535 m) – Gettnau (545 m) – Unteregg (653 m) – Ruessgrabe (630 m) – Pkt 672 m – Willisau (557 m)

fen bildet sich das gefrierende Wasser zu bizarren Formen aus. Wir sehen darin Tiere, zum Beispiel einen wachenden Hund, ein Eichhörnchen, einen Esel und bei weiteren Figuren kommen wir ins Rätseln, was sie wohl noch alles darstellen könnten. Zwischen Oberfeld und Niderwil beim Tschopen machen wir einen Trinkhalt in einer offenen Felsgrotte. Bis Gettnau verläuft der Weg ohne Höhendifferenz. Nach dem Essen steigt er über Asphalt nun noch ein bisschen an – und zwar bis auf die Höhenkante, die wir bereits von unten gut erkennen. Nun wandern wir weiter auf einer Naturstrasse in Richtung Willisau. Den Ruessgraben zu überqueren, ist nur halb so schlimm, wie man dies nach der Karte vermuten würde. In Willisau angekommen, besuchen wir die Kirche mit dem eigenartigen schwarzen Turmaufbau und kehren anschliessend natürlich noch bei «Amrein» ein, wo die berühmten Willisauerringli ihren Ursprung hatten.

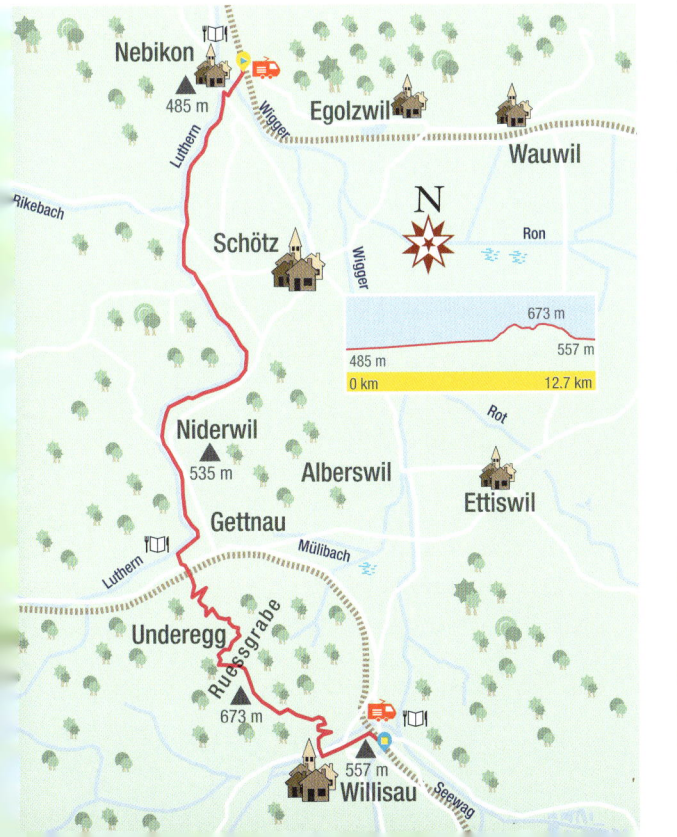

Charakteristik:
Wanderung entlang eines kleinen Flüsschens und am Schluss noch mit angenehmem Auf- und Abstieg über einen Hügel und durch ein Tal

TESSIN

oto: Fritz Hegi – Kartographie: Edition Lan AG

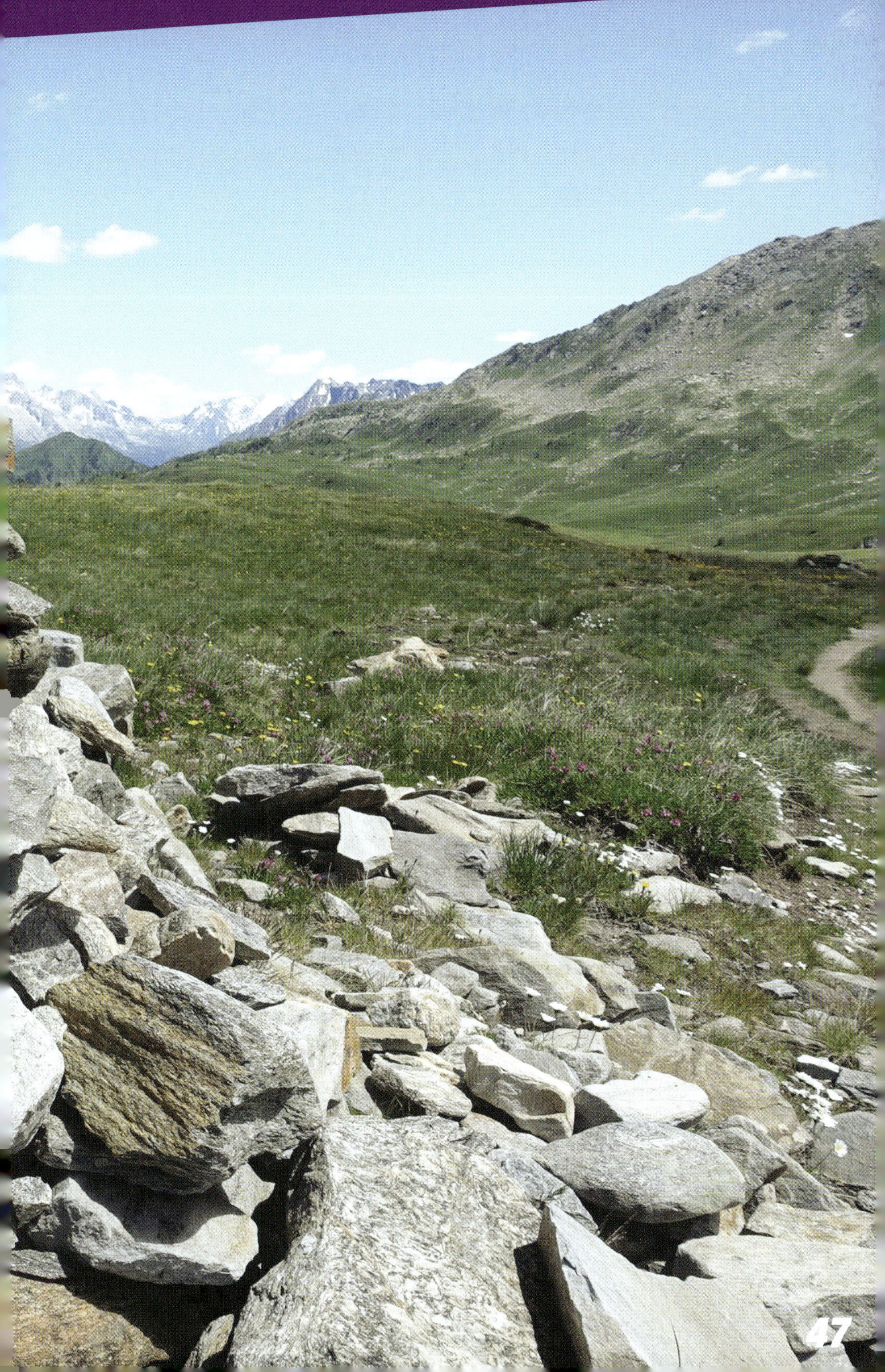

TESSIN

Wanderzeit: 4 h 45 min
Länge: 15 km
Höhendifferenz: 530 m bergauf, 650 m bergab

Val Piora

Anreise:
Mit dem Postauto auf den Passo del Lucomagno
Jahreszeit:
Mitte Juni bis Mitte Oktober
Wanderkarte:
1:50 000 Valle Leventina 266T
Schwierigkeit:
anspruchsvoll, Trittsicherheit
Startkaffee:
Hospezi Lukmanierpass
www.lukmanierpass.ch
(ab ca. 10. Juni bis 10. Oktober)

Mittagessen:
Capanna Cadagno,
via Mornee 32, 6984 Pura
www.capannacadagno.ch
(offen von Anfang Juni bis Mitte Oktober)
Rückreise:
Ab Stne (Station) Piora mit der Standseilbahn nach Piotta und weiter mit Bahn oder Postauto
Weitere Infos:
www.ritom.ch
www.lagoritom.ch

Diese Wanderung stand schon Jahre auf meiner Wunschliste. Zugegeben, die Fahrt auf den Lukmanier, die Wanderung von fast fünf Stunden und die Rückfahrt ab Ritom ist schon etwas viel für einen Tag. In unserer Gruppe waren wir uns aber einig, dass es der Aufwand auf jeden Fall wert war und wir um viele Erlebnisse reicher werden.

Vom Lukmanierpass geht es zuerst recht steil und ruppig bergauf. Etwa auf halber Höhe zum Passo del uomo sehen wir auf der Karte, dass der neue Gotthard-Basistunnel direkt unter uns verläuft. Zwischen uns und dem Tunnel liegen ungefähr 1700 m Fels und zuckerförmiger Dolomit unter hohem Wasserdruck. Es war ja dann auch diese «Pioramulde» die den Geologen und Tunnelbauern damals beim Bau grosses Kopfzerbrechen bereitete. Zum Glück dichtete ein Gipshut die Mulde nach unten ab und so konnte die heikle Zone unterfahren werden, sonst hätte der Tunnel wahrscheinlich nie gebaut werden können.

Wir passieren den Passo del uomo, den höchsten Punkt unserer Wanderung und sehen nun ins Val Piora hinunter. Eine wunderschöne, baumlose Hochebene, mit

Fotos: Fritz Hegi

Passo del Lucomagno (1917 m) –
Passo del Uomo (2218 m) – Cap.
Cadagno (1987 m) – Cadagno di
Fuori (1917 m) – Alpe Ritóm
(1859 m) – Stne Piora (1794 m)

einem grandiosen Licht-/ Schattenspiel erwartet uns. Auf einer kurzen Passage ist Trittsicherheit nötig. Auf den Bergen ringsum hat es auch im Juli noch Schneeresten, die zu dem vorherrschenden Grün der Wiesen sehr schön kontrastieren. Am Horizont erscheint die Capanna Cadagno. Es scheint nicht weit zu sein. Bis wir schlussendlich dort sind gilt es aber noch einige Kehren zu meistern. Die Capanna ist im Jahr 2013 vollständig renoviert worden. Draussen auf der Terrasse geniessen wir echte, grobkörnige Tessinerpolenta mit Gorgonzola. Das Ökosystem des Lago di Cadagno ist sowohl in der Schweiz als auch in Europa ein Unikum und wird im «Centro di biologia alpina di Piora» (Forschungszentrum für Alpine Biologie), welches sich in der Nähe des Sees befindet, studiert. Das untersuchte Phänomen heisst Meromix und bedeutet, dass die saisonale Durchmischung verschiedener Wasserschichten fehlt.

Der Naturweg dem Ritomsee entlang bis zur Staumauer und weiter zur Bergstation der Ritombahn ist nicht mehr lang.

Charakteristik:
Anspruchsvolle Bergwanderung von Graubünden ins Tessin

49

TESSIN

Wanderzeit: 4 h 15 min
Länge: 13 km
Höhendifferenz: 460 m bergauf, 720 m bergab

Von Alp zu Alp im Bedrettotal

Anreise:
Mit der Bahn nach Airolo und weiter mit Postauto bis zur Luftseilbahn Pesciüm
Jahreszeit:
Ende Juni bis Anfang Oktober
Wanderkarte:
1:50 000 Nufenenpass 265T
Schwierigkeit:
anspruchsvoll
Startkaffee:
Restaurant Pesciüm (geöffnet während der ganzen Sommersaison von 8.00–16.30 Uhr
Mittagessen:
Alpe di Cristallina offen von Juni bis Ende August; sonst Picknick
Rückreise:
Mit dem Postauto ab Ronco (Bedretto) nach Airolo und weiter mit der Bahn
Weitere Infos:
www.airolo.ch

Vom Bahnhof Airolo nehmen wir das Postauto bis zur Talstation der Luftseilbahn nach Pesciüm. In einer knappen halben Stunde könnte man diese auch zu Fuss erreichen.
In der Region um Pesciüm kann man im Winter Schneesport betreiben und im Sommer auf gut markierten rot/weissen Bergwegen wandern.
Unsere Wanderung folgt dem Hauptwanderweg «Strada degli alpi» und das erste Ziel ist die «Alpe di Cristallina», welche wir in ca 2 h erreichen werden. Angegeben auf dem Wegweiser ist zwar nur 1 h 50 min. Ich rechne bei meinen Wandervorschlägen immer noch eine Reserve-Zeit dazu. Wenn wir die Wanderung ausserhalb der Sommersaison unternehmen, empfiehlt es sich, ein Picknick in den Rucksack zu stecken, weil Verpflegungsmöglichkeiten unterwegs nur von Juni bis Ende August zur Verfügung stehen.

In Airolo fahren seit der Eröffnung des Basistunnels spürbar weniger Züge vorbei. Es ist zwar ruhiger geworden, für uns Wanderer bestehen aber immer noch unverändert gute Bahnverbindungen zur Verfügung.

Fotos: Fritz Hegi

Pesciüm (1744 m) – Cna della Croce (1637 m) – Piano di Pescia (1700 m) – Alpe di Cristallina (1800 m) – Stabiello Grande (1819 m) – Alpe di Valleggia (1674 m) – Ronco (1487 m)

Wir wandern praktisch auf der ganzen Tour auf mehr oder weniger breiten Naturstrassen. Auf der andern Seite des Bedrettotals können wir die markanten Strassengalerien des Gotthardübergangs sehen. Die Tremolakehren der alten Strasse sind etwas verdeckt und nicht gut sichtbar.

Wir kommen nun an verschiedenen Alpen vorbei. Für den Mittagshalt kehren wir bei der Alpe di Cristallina ein. Wir lassen uns von den Älplern einen würzigen Käseteller servieren und geniessen zum Abschluss noch einen herrlichen Enzianschnaps aus dem Bergamo. Wir kommen mit zwei älteren Wanderern ins Gespräch, welche praktisch ohne Gepäck von Österreich via Italien nach Frankreich unterwegs sind und als nächstes auf dem Cristallinapass übernachten wollen. Wir wandern weiter durch schöne Lärchenwälder, kommen noch an ein paar weiteren Alpen vorbei und erreichen auf der andern Seite des «Ticino» das Dorf Ronco Bedretto und die Postautostelle.

Charakteristik:
Etwas längere aber lohnende Bergwanderung

MITTELLAND

Foto: Fritz Hegi – Kartographie: Edition Lan AG

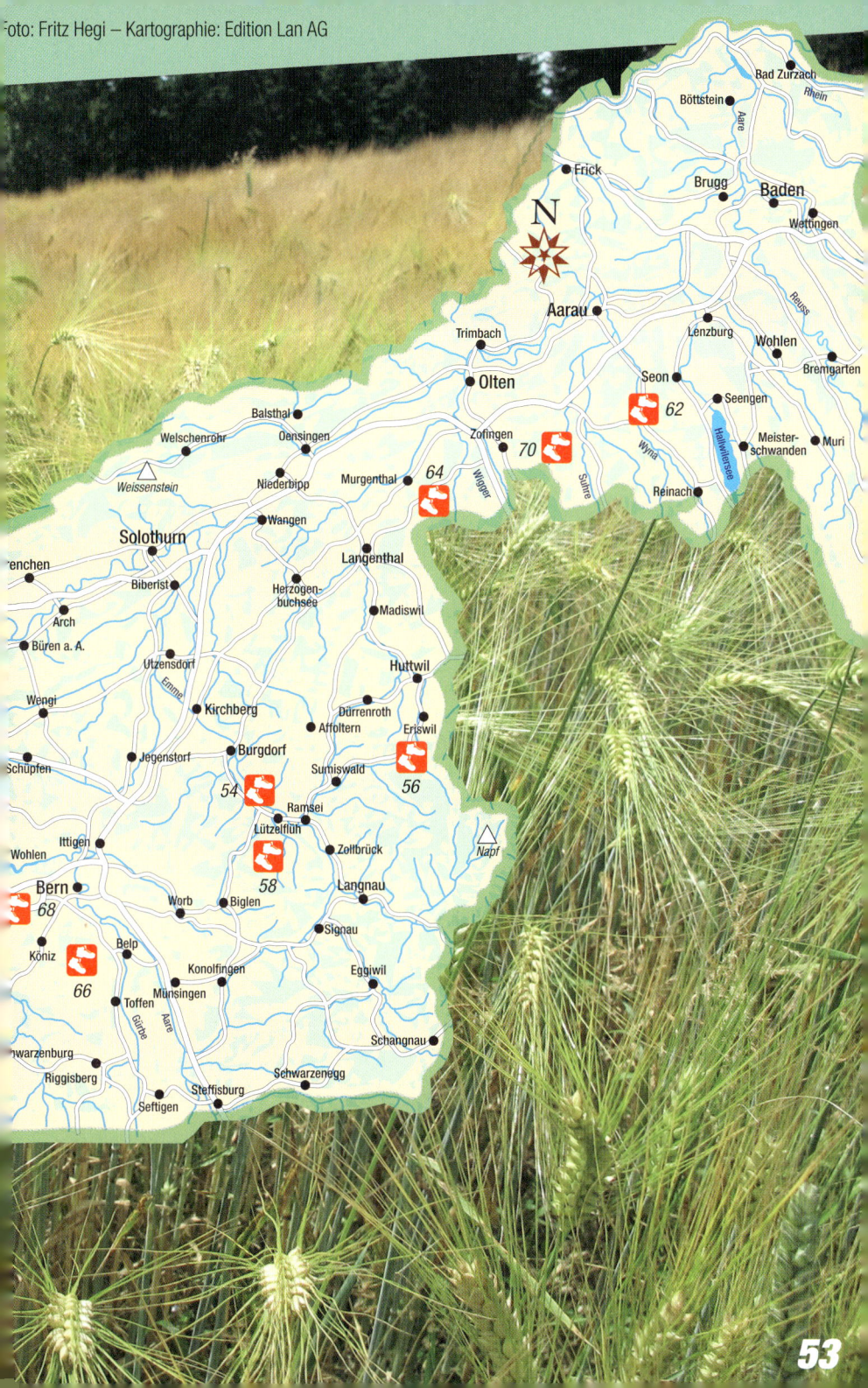

MITTELLAND

Wanderzeit: 3 h 30 min
Länge: 12,6 km
Höhendifferenz: 330 m bergauf, 350 m bergab

Hügel, Krächen und Wälder

Anreise:
Mit der Bahn nach Hasle-Rüegsau
Jahreszeit:
ganzjährig
Wanderkarte:
1:50 000 Solothurn 233T
Schwierigkeit:
mittelschwer
Startkaffee:
Restaurant Brünnli «Schnitzelhouse», Rüegsaustrasse 56, 3415 Rüegsauschachen (offen ab 8.30; SO ab 14.00 Uhr)
Mittagessen:
Tea Room/Confiserie Neuhaus, Emmentalstrasse 28, 3414 Oberburg (Ruhetag: MO)
Rückreise:
Ab Oberburg oder ab Hasle-Rüegsau mit der Bahn
Weitere Infos:
www.confiserie-neuhaus.ch
www.emmental.ch

Wir beginnen unsere Wanderung in Hasle-Rüegsau nach dem Startkaffee im Restaurant Hirschen. Bei der Recherche zu diesem Buch habe ich festgestellt, dass dieses Restaurant heute nicht mehr existiert. In einem Artikel der Bernerzeitung (BZ) von Anfang August 2013 lese ich, dass ein unaufhaltsames Sterben der Landgasthöfe im Kanton Bern vor sich geht. Jedes Jahr gibt es etwa zehn Gasthöfe weniger. Als «Wander-Fritz» gibt mir das zu denken, sind doch die Gasthöfe wichtiger Bestandteil meiner Wanderungen.
Es ist ein recht kalter Wintermorgen im Dezember, als wir auf einem recht breiten Weg den Wald hinaufsteigen. Der Himmel ist blau und es kündigt sich an, dass es heute noch wärmer werden soll. Die erste stattliche Häusergruppe von Otzenberg erscheint im schönsten Sonnenschein. Auf einer Naturstrasse erreichen wir bald Schallenberg auf 760 m ü. M.
Bis zu unserem Apéroplatz sind es noch 30 Minuten. Oben auf dem Rachisberg, unserem höchsten Punkt der Wanderung, geniessen wir den Apéro, gespendet von Lily zu ihrem Geburtstag. Die Aussicht in den Kranz der Berneralpen ist durch Wolken zwar etwas verdeckt, aber trotzdem ist die Aussicht auf die Hügel, Krächen und Wälder des Emmentals im Vordergrund gewaltig. Solche Momente bleiben haften. Nun geht es nur noch bergab Richtung Oberburg, wo der Luterbach in den Mühlebach fliesst – und dieser wiederum verläuft parallel zur Emme. Das Essen schmeckt uns gut im Tea Room Neuhaus.

Fotos: Fritz Hegi

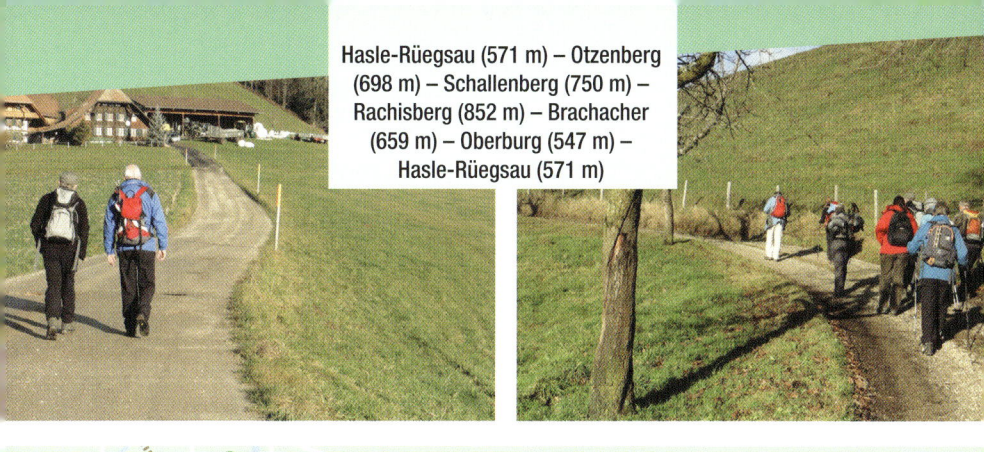

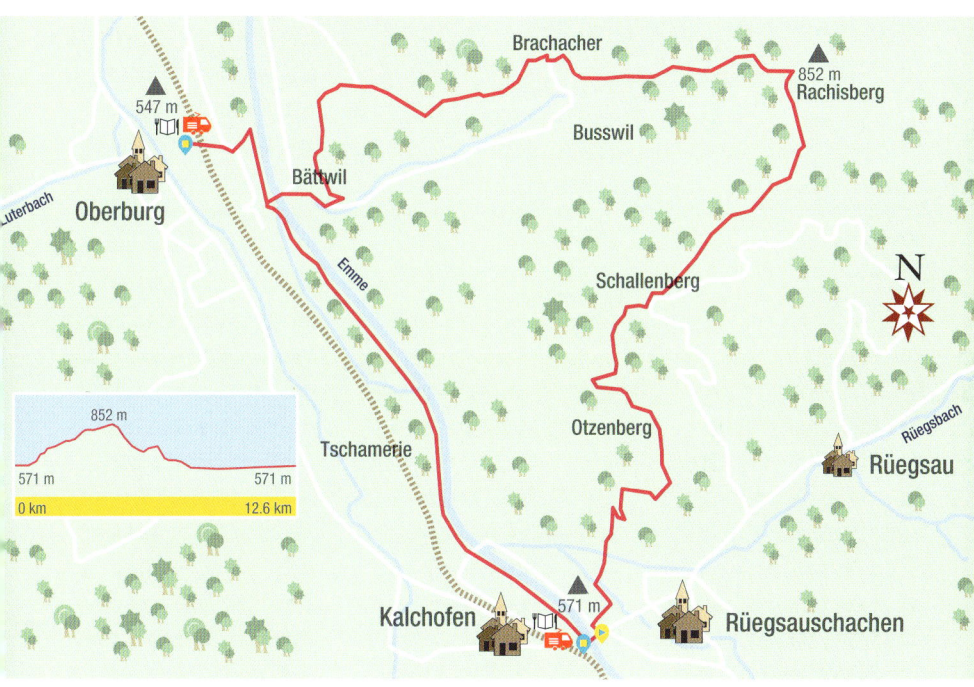

Hasle-Rüegsau (571 m) – Otzenberg (698 m) – Schallenberg (750 m) – Rachisberg (852 m) – Brachacher (659 m) – Oberburg (547 m) – Hasle-Rüegsau (571 m)

Wer will, kann die Wanderung hier abbrechen. Nach dem Essen entschliessen wir uns von hier aus in einer Stunde entlang der Emme zurück nach Hasle-Rüegsau zu wandern, um das Essen etwas zu verdauen.

Noch ein Wort zur Emme. Wer Emme sagt, muss präzise sein. Unser Weg führt entlang der Grossen Emme, die irgendwo im Bereich der Lombachalp am Fuss des Augstmatthorns entspringt (es gibt dazu viele Erklärungen, wo eigentlich die genaue Quelle ist) und bei Solothurn in die Aare mündet. Die Kleine Emme hat ihren Ursprung am Nordhang des Brienzer Rothorns, schlängelt sich durchs Entlebuch und mündet schliesslich bei Emmenbrücke in die Reuss.

Charakteristik:
Wunderschöne Rundwanderung in den Emmentaler-Hügeln

55

MITTELLAND

Wanderzeit: 2 h 40 min
Länge: 7,8 km
Höhendifferenz: 310 m bergauf, 320 m bergab

Zwei Fritze treffen sich

Anreise:
Von Sumiswald mit dem Bus nach Wasen im Emmental, Station Kirche
Jahreszeit:
April bis Oktober
Wanderkarte:
1:50 000 Willisau 234 T
Schwierigkeit:
mittelschwer
Startkaffee:
Dorfbeizli Grütli,
Dorfstrasse 16, 3457 Wasen i. E.
(offen: MO bis FR ab 08.30 Uhr, Ruhetag: SO)
Mittagessen:
Restaurant Fritzenfluh,
4954 Wyssachen,
(offen: DI bis SO ab 09.00 Uhr, Ruhetag: MO)
Rückreise:
Von Eriswil mit dem Bus nach Huttwil und von dort weiter mit der Bahn
Weitere Infos:
www.myoberaargau.com

Als «WanderFritz» darf bei mir natürlich auch eine Wanderung über die Fritzenfluh nicht fehlen. Bei der Planung der Tour schaute ich darauf, dass das Restaurant sicher offen ist und hoffte ferner darauf, dass es eine schöne Frühlingswanderung sein würde, da ich sie zeitlich auf Mitte April festlegte. In Wirklichkeit entpuppte sie sich dann jedoch als veritable Winterwanderung.

Aber beginnen wir von vorne: Es regnet in Strömen und es ist kalt, als wir aus dem urchigen Restaurant Grütli nach Kaffee und Gipfeli ins Freie treten. Schirm und Regenzeug sind ein Muss. Es ist für uns aber ganz klar, dass wir die Wanderung trotz dieses Wetters unternehmen werden. Beim geschlossenen Löchlibad ist eine Wanderwegtafel der Berner Wanderwege aufgestellt, welche so richtig zur tristen Wetterstimmung passt. Sie ist völlig abgewaschen und nichts mehr kann darauf gelesen werden.

Auf ca. 900 m ü. M. geht der Regen in dichten Schneefall über. Wir wandern nun im Schnee und folgen dem Waldweg nach der Hombachegg und erreichen hier den höchsten Punkt auf 1027 m ü. M.

Beim Clubhaus «Zum letschte Batze» machen wir einen Trinkhalt. Es ist eine mystische Stimmung, so gar nicht zum Frühling passend. Die Äste der grossen Weisstannen biegen sich unter der dicken Nassschnee-Schicht, und es liegt verbreitet Nebel. Die Höhendifferenz zur Fritzeflue beträgt nun noch rund 100 Höhenmeter abwärts. Wir erreichen die Strasse und entscheiden

Fotos: Fritz Hegi

Wasen i.E. (754 m) – Hornbachegg (1027 m) – Zum letschte Batze (990 m) – Fritzeflue (954 m) – Eriswil (740 m)

uns wegen den prekären Wegverhältnissen, durch den Tunnel zu gehen statt obendrüber zu wandern.

Das Restaurant Fritzeflue ist ein klassisches Ausflugsrestaurant. Das Essen mundet bei diesem Wetter doppelt gut.

Die Hoffnung, dass der Regen während des Mittagessens aufhören würde, erweist sich als Illusion. Wir wandern also nochmals knapp eine Stunde durch die schöne Oberaargauer Landschaft – nach wie vor im Dauerregen – nach Eriswil. Die Langete entspringt ganz in der Nähe des Restaurants. Ein Wegweiser zeigt die Richtung dorthin. Eriswil, war früher mit einer Eisenbahnlinie mit Huttwil verbunden. Heute gewährleistet ein Bus die Verbindung.

Charakteristik:
Wanderung in den Hügeln des Emmentals und Oberaargaus

57

MITTELLAND

Wanderzeit: 3 h 45 min
Länge: 13,2 km
Höhendifferenz: 440 m bergauf, 280 m bergab

Im Gotthelf-Land zum 70. Geburtstag

Anreise:
Mit der Bahn nach Lützelflüh-Goldbach

Jahreszeit:
ganzjährig

Wanderkarte:
1:50 000 Bern 243T

Schwierigkeit:
anspruchsvoll

Startkaffee:
Kiosk Bahnhof,
3432 Lützelflüh-Goldbach

Mittagessen:
Restaurant Löchlibad, Ochsenwald 122, 3434 Obergoldbach, (offen: MO–SA 9.00-0.30 Uhr, SO 9.00-22.00 Uhr)

Rückreise:
Mit der Bahn ab Biglen

Weitere Infos:
Ferien auf dem Bauernhof, Familie Stucki in Otzeberg anrufen, Tel. 034 461 15 76
www.emmental.ch

Es ist die Wanderung zu meinem 70. Geburtstag. Wir sind elf Wanderer, selbst von Australien ist Kathrin dabei. Mit Lützelflüh assoziiere ich immer Albert Bitzius alias Jeremias Gotthelf, der Dichter, welcher als Pfarrer dort wirkte. Seine Romane habe ich fast alle gelesen und finde, dass man eigentlich bezüglich Ethik und Moral in der heutigen Wirtschaftswelt ihn wieder mehr lesen und beherzigen sollte.

Der Bahnhofskiosk ist ideal für den Startkaffee, da es für uns genügend Sitzplätze hat. Wir folgen nun einem kleinen Bächlein entlang den Wegweisern Aspiegg-Hammegg-Biglen. Im Weiler Otzeberg wohnen und bauern in der vierten Generation die Eltern einer Freundin von Lily. Wir werden spontan von ihnen zu einem Glas hausgemachten Süssmost in ihr schönes Gartenhäuschen eingeladen. Familie Stucki bietet auch Ferien auf dem Bauernhof an und ist immer

Fotos: Fritz Hegi

Lützelflüh-Goldbach (582 m) – Oeli (607 m) – Otzeberg (727 m) – Aspi (860 m) – Aspiegg (910 m) – Löchlibad (904 m) – Pkt 986 m – Bulestel (867 m) – Biglen (738 m)

offen für Neues. Auf dem Hof leben heute drei Generationen zusammen.
Weiter auf dem Weg haben wir viele Fotohalte einzulegen. Die schöne Emmentaler Landschaft gefällt uns sehr. Es sind die Hügel, Wälder, Höfe und steilen Matte die diesen Teil der Schweiz so attraktiv machen. Bei Oberried ist eine besonders schöne Häusergruppe. Kurz darauf, bei Aspi, ein interessantes Gespräch mit einer älteren Bäuerin über ihren wunderschönen Blumengarten.
Natürlich offeriere ich zu meinem Geburtstag den Apéro. Auf Aspiegg, beim Waldrand befindet sich ein sehr schöner Rastplatz. Ein idealer Ort für die Mitwanderer mir ein «Happy birthday» zu singen und auf meinen Geburtstag mit einem schönen «Amigne» aus dem Wallis anzustossen.
Durch den Brandiswald erreichen wir in einer guten halben Stunde das Löchlibad: eine echte Entdeckung und natürlich zum Weiterempfehlen. Das Restaurant wird von jungen Leuten geführt. Das Essen (Braten mit Rösti) auf der Terrasse bei schönstem Wetter ist wunderbar und ein unvergessliches Geburtstagserlebnis. Ein gutes Dessert rundet noch alles ab.
Bis zur Hammegg und Nünhaupt steigt der Wanderweg nach dem Essen noch leicht an. Von dort geht es zum Abschluss relativ steil über offenes Feld hinunter nach Biglen.

Charakteristik:
Wanderung im Herzen des Emmentals

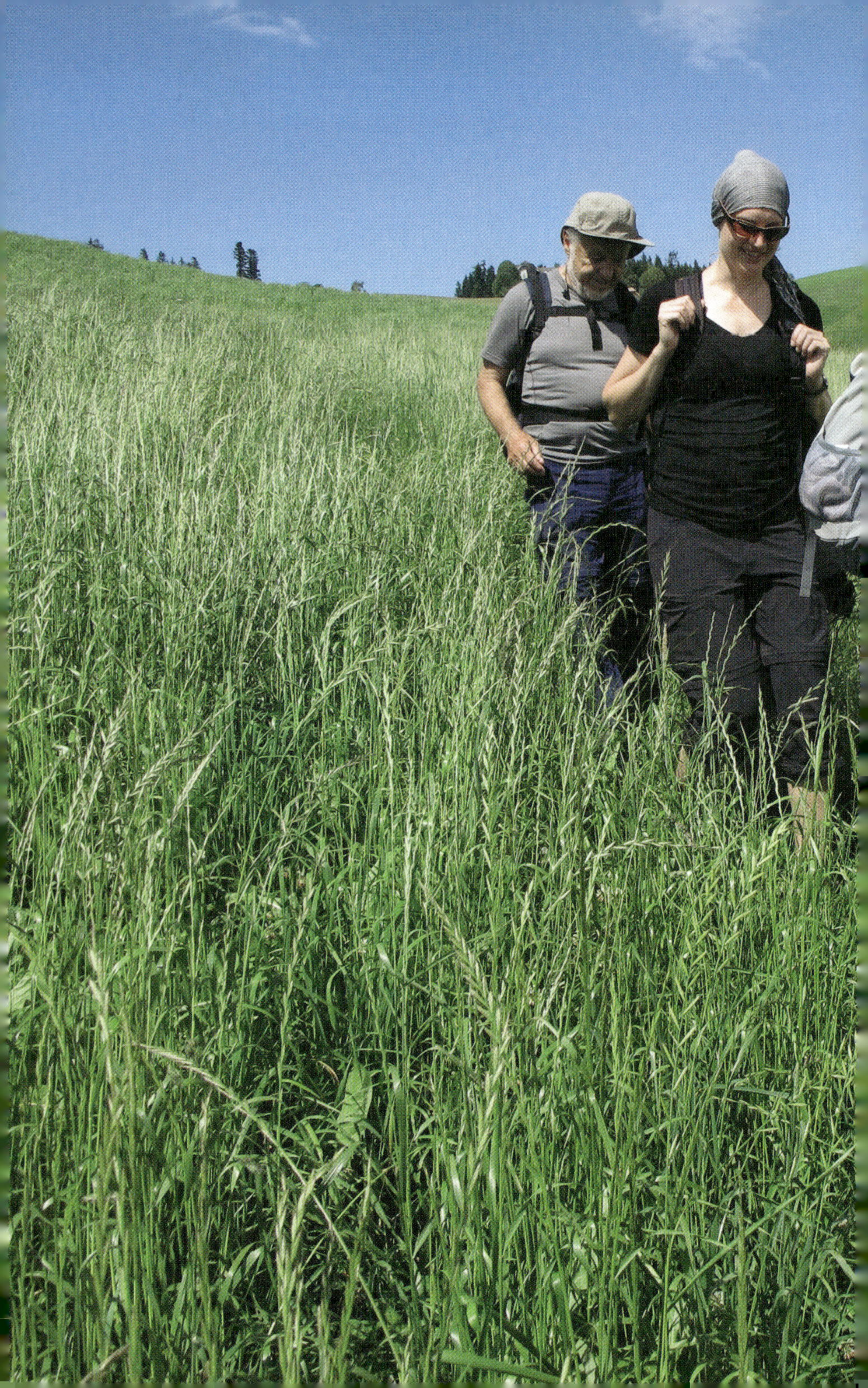

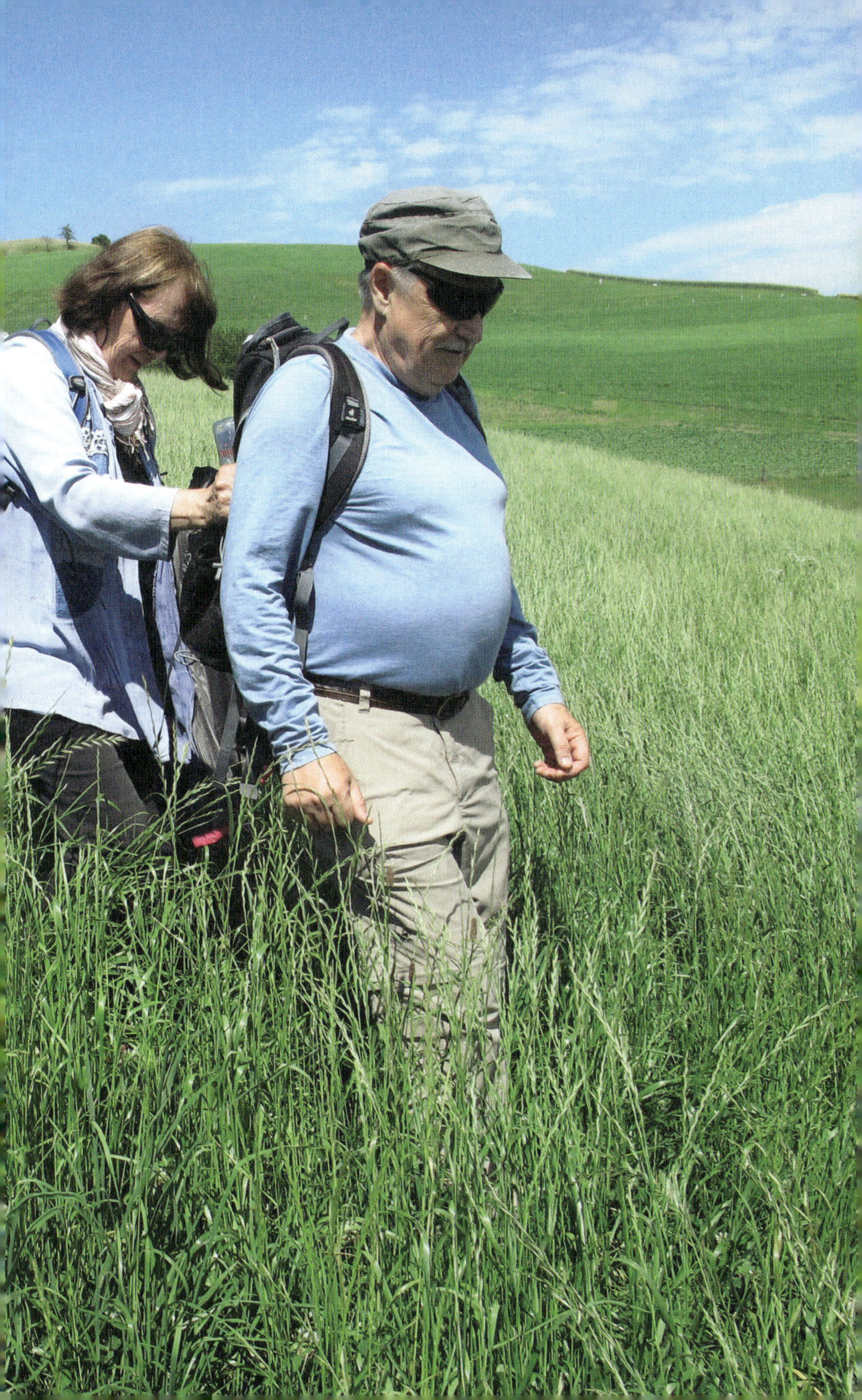

MITTELLAND

Wanderzeit: 3 h 15 min
Länge: 12,7 km
Höhendifferenz: 215 m bergauf, 420 m bergab

Unterwegs im Emmental des Aargaus

Anreise:
Mit der Bahn nach Schöftland, von dort mit dem Bus 616 bis zur Endstation Schiltwald, Wendeplatz, fahren
Jahreszeit:
ganzjährig
Wanderkarte:
1:50 000 Olten 224T
Schwierigkeit:
mittelschwer
Startkaffee:
Leider existiert das Restaurant «Pinte» in Schmiedrüti-Walde nicht mehr.
Mittagessen:
unterwegs Beizli auf der Bööler Passhöchi (offen MO–SA ab 15.00 Uhr; SO ab 11.00 Uhr; Ruhetag MI)
Rückreise:
Mit der S14 nach Aarau und von dort weiter mit den SBB
Weitere Infos:
www.ruedertal.ch
www.aargauer-wanderwege.ch

Wenn man mich gefragt hätte, wo das Ruedertal liegt, hätte ich mit den Achseln gezuckt, bis ich den Tipp der Aargauer Wanderwege «WANDERPERLEN – zehn der schönsten Wanderungen» zufällig entdeckt habe. Heute ist Verpflegung aus dem Rucksack angesagt, ausser man ist am Sonntag unterwegs, weil das Beizli auf der Bööler Passhöchi nur dann am Mittag geöffnet ist. Wir fahren mit dem Bus bis zur Endstation Schiltwald.

Da das Restaurant «Pinte» dauerhaft geschlossen ist, wandern wir, diesmal ohne Startkaffee los und steigen auf dem breiten Weg langsam gegen den Wald an. Es ist Anfang März, die Bäume sind noch kahl. Im Brünnlichrüz treffen wir nach ca. 45 Minuten in einer Waldlichtung auf einen grossen Rastplatz mit schönen Tischen und Bänken, die im Kreis angeordnet sind. Weiter geht es nun stets auf breiten Naturstrassen – an kleinen Weihern vorbei, die zu dieser Jahreszeit noch gefroren sind. Er folgt der Weiler «Steinig». Ob es hier besonders steinigen Boden hat? Wir wissen und sehen es nicht.

Bei Waltersholz wechseln wir von der Asphaltstrasse auf einen angenehmen Naturweg und durchqueren den kleinen Wald. Vom Waldrand aus sehen wir etwas weiter unten eine freistehende Linde – ideal für unseren Apéro. Ein etwa

Fotos: Fritz Hegi

Schiltwald, Wendeplatz (679 m) – Gross Chrüz (712 m) – Steinig (665 m) – Hohliebi (649 m) – Bööler Passhöchi (611 m) – Unterkulm, Nord (466 m)

zehn Zentimeter breiter Querschnitt aus dem Stamm einer abgesägten Linde, montiert auf einem Metallrohr, bildet ein rundes Tischchen. Als Schutz vor dem Wetter dient ein Plexiglas, auf dem die Jahrringe nachgezeichnet sind. Man kann ablesen, dass der Baum etwa 100 Jahre alt war. Wir überlegen uns, was in dieser Zeit so alles passierte und gleichen es mit persönlichen Ereignissen ab. Bei Pfaffenberg können wir nochmals in den letzten Schneeresten des Winters die Schuhe putzen. Nachdem wir den Junkerenwald und das Galgenmoos durchquert haben, erreichen wir die Bööler Passhöchi. Das Beizli ist, wie wir wissen, während der Woche am Mittag nicht offen. Beim Rastplatz im Wald gegenüber der Strasse können wir unseren Proviant aus dem Rucksack verzehren. Bis nach Unterkulm sind es von hier aus noch ungefähr 45 Minuten.

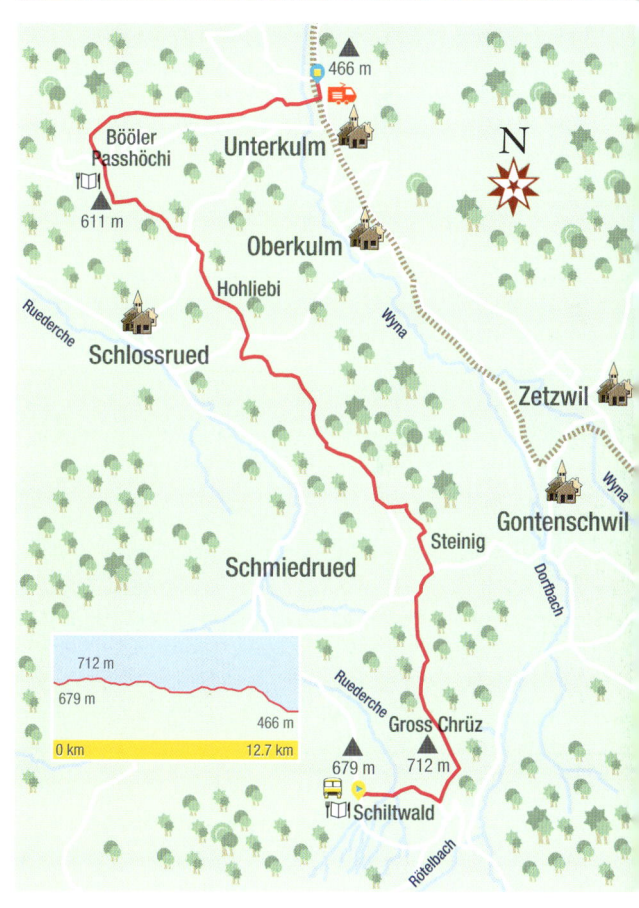

Charakteristik:
Schöne und genussvolle Wanderung, mehrheitlich auf Naturwegen

63

MITTELLAND

Wanderzeit: 3 h 15 min
Länge: 12,1 km
Höhendifferenz: 250 m bergauf, 230 m bergab

Wandern, Kultur und gut Essen

Anreise:
Mit der Bahn nach Langenthal
Jahreszeit:
ganzjährig
Wanderkarte:
1:50 000 Willisau 234T und Olten 224T
Schwierigkeit:
mittelschwer
Startkaffee:
Restaurant da Luca, 4900 Langenthal (kein Ruhetag)

Mittagessen:
Klostergasthaus Löwen, 4915 St. Urban (Ruhetag: MI)
Rückreise:
Mit dem Bus ab Pfaffnau, Post nach St. Urban, Reiden oder Zofingen und von dort weiter mit der Bahn
Weitere Infos:
www.st-urban.ch
(Führungen im Kloster)
www.myoberaargau.com

Die heutige Wanderung aus der Metropole des Oberaargaus ins Luzerner Hinterland verbinden wir mit einem interessanten Klosterbesuch in St. Urban. Allen, die Langenthal zum ersten Mal besuchen, fallen die ca. ein Meter hohen Troittoirs auf. In früheren Jahren wurde die Langete bei Hochwasser einfach durch das Städtchen abgelassen. Um 11.00 Uhr haben wir eine Führung im Kloster St. Urban reserviert. Es heisst für uns nach dem Startkaffe möglichst zügig aufzubrechen. Wir folgen dem Wanderweg durch den Wald östlich von Langenthal – durch das sogenannte Thunstetterholz, den Riedhof, das Zankhölzli, den Hagelberg und den Ziegelwald. Mitten im Wald treffen wir auf einen idyllischen Weiher, von dem eine spannende Geschichte erzählt wird. Das «Probierloch» stammt aus dem Jahr 1874, es ist ein Sondlerstollen zur Abklärung der geologischen Verhältnisse. Damals hatte man eine doppelspurige Eisenbahnverbindung zwischen Langenthal und Wauwil geplant, wegen der damaligen Wirtschaftskrise wurde sie aber nie realisiert. Um 10.45 Uhr kommen wir im Kloster St. Urban pünktlich zur Führung an. Beim einstündigen Rundgang (nur auf Voranmeldung) erfahren wir, dass das Zisterzienserkloster St. Urban 1194 von Mönchen der Abtei Lützel im Elsass mit Unterstützung oberaargauischer Freiherrengeschlechter gegründet wurde.

Fotos: Fritz Hegi

64

Langenthal (476 m) – Hasligrabe (493 m) – Zankhölzli (507 m) – Ziegelei (450 m) – St. Urban (452 m) – Chüewald (586 m) – Pfaffnau (501 m)

Die Barockkirche verfügt über ein berühmtes und kostbares Chorgestühl, das einst zur Tilgung von Kriegsschulden veräussert und später von den Engländern wieder zurückgekauft wurde. Auch in der Bibliothek weiss unser Führer viel Interessantes über die Schnitzereien der zwölf Eichensäulen zu erzählen. Es folgen die frivolen Schnitzereien bei der Eingangstüre zur Kirche.

Wenn man genau hinschaut, sieht man, dass ein Krieger nicht so grossen Respekt vor der Obrigkeit hat. Er zeigt nämlich seinen nackten Hintern. Das Essen draussen im Klosterrestaurant Löwen ist sehr gut. Wir befinden uns im «Drei-Kantons-Eck» Bern, Luzern und Aargau. Unser Wanderziel befindet sich im Kanton Luzern. Von der Höhe beim Waldrand haben wir nochmals einen schönen Blick zurück auf die Klosteranlage und im Hintergrund auf den Jura. Pfaffnau erreichen wir durch den Chüewald in gut 1,5 Stunden.

Charakteristik:
Wald- und Wiesenwanderung vom Oberaargau ins Luzerner Hinterland – mit interessantem Klosterbesuch

MITTELLAND

Wanderzeit: 2 h 45 min
Länge: 9,4 km
Höhendifferenz: 150 m bergauf, 400 m bergab

Fussmarsch mit fantastischem Alpenblick

Anreise:
Mit der S-Bahn nach Kehrsatz und von dort mit dem Postauto nach Kühlewil, Heim
Jahreszeit:
ganzjährig
Wanderkarte:
1:50 000 Bern 243 T
Schwierigkeit:
leicht
Startkaffee:
Alters- und Pflegeheim Kühlewil, Kühlewilstrasse 2, 3086 Englisberg
Mittagessen:
Gasthof Bären, Bernstrasse 8, 3125 Toffen
(Ruhetag: SO)
Rückreise:
Mit der S-Bahn ab Toffen
Weitere Infos:
www.guerbetaler-hoehenweg.com

Heute begleitet mich ein Journalist der BernerZeitung (BZ). Er will über mich und meine Wandergruppe einen Bericht schreiben.
Wir wandern ein erstes Teilstück des Panoramaweges mit grandioser Aussicht auf die Alpen, der als «Gürbetaler Höhenweg» ausgeschildert ist und von Kehrsatz über 17 km bis nach Mühleturnen führt. Wer den Aufstieg von Kehrsatz nach Kühlewil (ca 300 m) nicht scheut, beginnt die Wanderung bereits in Kehrsatz. Nach dem Startkaffee wandern wir leicht hangwärts nach Englisberg. Die paar Häuser sind eine Augenweide. Weiter geht es abwärts Richtung Winzenried. Wir treffen auf den Teufelsstein, ein mächtiger eratischer Block, der vor etwa 20 000 Jahren durch den Aaregletscher hier abgelagert wurde. Es gibt natürlich andere Geschichten darüber, wie der Stein auch hierhergekommen sein könnte. Auf einem Schild kann man folgende Geschichte lesen: «…bis ins 19. Jahrhundert hinein wurde der Teufel als Erklärungshilfe beigezogen. Nach der Sage war er es, der in seiner Wut über das fruchtbare Mittelland von den Schneegipfeln die steinerne Zerstörung in die schönen Äcker und Matten schleuderte»
Über Hofmatt, Gruebe, Rossweid und Falebach wandern wir weiter südwärts immer mit theoretisch fantastischen Alpenblick. Theoretisch, weil heute die Sicht nämlich nicht ganz so klar ist, wie man sich das eigentlich erhofft.

Fotos: Fritz Hegi

Kühlewil, Heim (790 m) –
Englisberg (815 m) – Falebach
(819 m) – Obertoffe (739 m) –
Toffen, Bahnhof (527 m)

Unterwegs treffen wir immer wieder auf Bären – natürlich nur geschnitzte. Sie wurden vom Künstler Paul Kohli geschaffen. Falebach ist ein weiterer schöner Weiler mit einem alten Backhaus. Kathrin hatte gestern ihren letzten Arbeitstag und kann ab heute das Pensioniertenleben geniessen. Sie offeriert uns deshalb das Apéro bei dem durch den Lions-Club Gürbetal im Jahr 2005 errichteten Rastplatz. Über Obertoffe gelangen wir auf einer breiten Naturstrasse stetig abwärts durch schönen Wald, der einen Hohlweg bildet, nach Toffen. Der Artikel in der Berner Zeitung BZ erschien übrigens zwei Wochen später in einer halbseitigen Aufmachung, was mich natürlich sehr freute. Offenbar hat dem Journalisten meine Wanderung sehr gut gefallen.

Charakteristik:
Angenehme Panoramawanderung vor den Toren von Bern

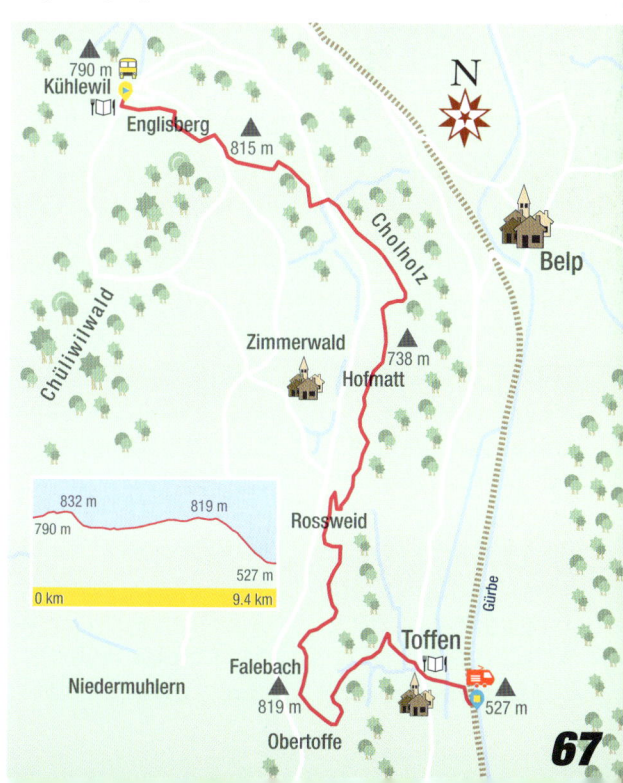

MITTELLAND

Wanderzeit: 3 h 45 min
Länge: 14 km
Höhendifferenz: 300 m bergauf, 270 m bergab

Landschaftserlebnisse im Westen von Bern

Anreise:
Mit der BLS nach Gümmenen, Station
Jahreszeit:
ganzjährig
Wanderkarte:
1:50 000 Bern 243T und Avenches 242T
Schwierigkeit:
mittelschwer
Startkaffee:
Gasthof Kreuz, Murtenstrasse 71, 3205 Gümmenen (Ruhetag: DO)
Mittagessen:
Brasserie Bits & Bites im Westside, Riedbachstrasse 96, 3027 Bern-Brünnen
Rückreise:
Mit dem Tram Nr. 8 von Bern, Gäbelbach in die Stadt
Weitere Infos:
www.westside.ch

seit Jahrhunderten strategisch und wirtschaftlich sehr bedeutend. Die Vorläuferbrücke wurde 1454 erbaut. Seit 1959 ist die Holzbrücke vor allem ein Fussgängerübergang, nachdem parallel dazu eine neue Betonbrücke gebaut wurde.
Unsere Wandergruppe hat sich heute bereits vor der

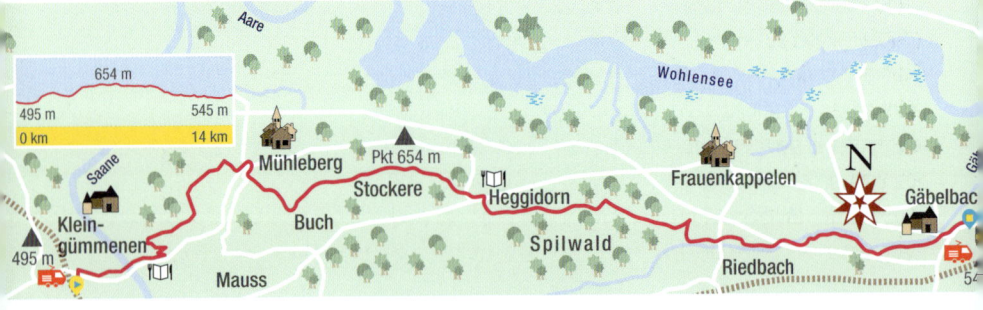

Bei Gümmenen fällt den Besuchern sofort die aus mehreren Bogen bestehende Eisenbahnbrücke auf, welche von Bern her gesehen, zuerst die Saane und anschliessend die Gümmenenau überquert. Bis zum Bahnhof folgt die Bahn noch einem mächtigen Damm. Die Bahnstation liegt in Kleingümmenen, etwas ausserhalb des Dorfes Gümmenen. Bis zum Startkaffee wandern wir etwa zehn Minuten. Nach der gedeckten Holzbrücke, über welche früher der gesamte Autoverkehr Bern–Lausanne geleitet wurde, rasten wir im Restaurant Kreuz. Die heutige Holzbrücke stammt aus dem Jahr 1739. Der Übergang über die Saane war schon Wanderung in zwei Gruppen aufgeteilt. Die einen wandern die ganze Strecke von Gümmenen bis Bern-Gäbelbach. Die anderen möchten nur knapp zwei Stunden spazieren und fahren deshalb mit dem Postauto zwei Stunden später direkt nach Heggidorn. Im kleinen Beizli bei der Minigolfanlage werden wir uns treffen.

Fotos: Fritz Hegi

Stn Gümmenen (495 m) – Flüewald (562 m) – Mühleberg (552 m) – Buch (634 m) – Heggidorn (642 m) – Spilwald (641 m) – Bern, Gäbelbach (545 m)

Von Gümmenen marschieren wir zuerst kurz der Hauptstrasse entlang, biegen dann links in den Wald und steigen etwas hoch. Aus dem Wald tretend, eröffnet sich ein weiter Blick übers Land. Die nächste Häusergruppe gehört zu Gross Mühleberg. Der Name Mühleberg war in der letzten Zeit etwas viel in den Schlagzeilen wegen des Kernkraftwerkes. Auf unserer Wanderung sehen wir es nicht. Wir passieren das Dorf Mühleberg und erreichen Heggidorn durch den Wald und Eiberg. Der andere Teil der Gruppe wartet bereits auf uns im kleinen Beizli. Nach einer Stärkung wandern wir nun gemeinsam durch den Spilwald und sind dann bald im Gäbelbachtal – ein wunderbares Naherholungsgebiet der Stadt Bern. Essen können wir im Westside. Das Westside ist ein Werk des international bekannten Architekten Daniel Libeskind und hat neben Läden, Kinos, Bäderlandschaften, Hotel auch gute Verpflegungsmöglichkeiten.

Charakteristik:
Angenehme Panoramawanderung vor den Toren von Bern

MITTELLAND

Wanderzeit: 3 h 45 min
Länge: 12,3 km
Höhendifferenz: 290 m bergauf, 320 m bergab

Exotisches im Sandsteinbruch

Anreise:
Mit der SBB nach Safenwil
Jahreszeit:
ganzjährig
Wanderkarte:
1:50 000 Olten 224T
Schwierigkeit:
mittelschwer
Startkaffee:
Leider gibt es kein Restaurant mehr am Ausgangspunkt in Safenwil.
Mittagessen:
Gasthof Linde Mühlethal, Dorfstrasse 12, 4812 Mühlethal (Ruhetag: MO)
Rückreise:
Ab Zofingen mit den SBB
Weitere Infos:
www.zofingen.ch

Wandern im Nebel ist mystisch. Die Stimmung im Sandsteinbruch auf dem Sodhubel ist einzigartig. Von 1939 bis 1945 schuf der Safenwiler Bürger Hans Widmer in den senkrecht abfallenden Sandsteinwänden Skulpturen einer fremden Welt. Er meisselte Tiere und Figuren in den Sandstein, die so gar nicht zum Ort hier passen wollen. Man erkennt exotische Tiere wie Elefanten, Tiger, Affen – auch Blumen und Menschen. Aus der angegebenen Quelle entnehme ich, dass Widmer als ein «unauffälliger, zurückgezogener Mann von grüblerischer, merkwürdiger Natur und einem schwärmerischen Drang zum Weltverbessern» beschrieben wird. Er war in Schönenwerd SO aufgewachsen, absolvierte eine Gärtnerlehre in Kilchberg ZH. Später wirkte er als Mechaniker bei seinem Bruder Emil Widmer, der eine kleine Fabrik für Schuhschnallen in Schönenwerd betrieb, er war ein Zulieferer für die Bally-Werke.
Der Feuerplatz in der Nähe wäre nichts für Obelisk. Auf der Hinweistafel steht nämlich: «Das Braten von Spanferkeln sowie vergleichbar grossen Grilladen ist verboten».

Die grösste Eiche im Zofingerwald befindet sich in der Nähe der Hochwacht. Der Weg zu ihr ist allerdings gerade durch Waldarbeiter gesperrt. Der freundliche Forstmeister begleitet uns dann auf dem Weg zur Eiche und erklärt nebenbei noch

Fotos: Robert Sieber

Safenwil (469 m) – Scherenberg (583 m) – Bühnenberg (579 m) – Hochwacht (638 m) – Linde (583 m) – Mühlethal (539 m) – Kuzenhöhle (573 m) – Zofingen (437 m)

viel Interessantes zur Holzgewinnung. Die Eiche hat ein Alter von 300–350 Jahre, erreicht eine Höhe von bis zu 37 Meter und weist einen Durchmesser von bis zu 122 Zentimeter auf. Beim Wegweiser «Rottannen» könnten wir in fünf Minuten zum Aussichtspunkt Hochwacht abzweigen, lassen das aber wegen dichtem Nebel sein. Zum Restaurant Linde machen wir gerne einen kleinen Abstecher. Das Essen inkl. Dessert, so wird uns vom Forstmeister versichert, ist ausgezeichnet. Und so erleben wir es dann auch. Auf dem Weg nach Zofingen kommen wir, nach einem Abstecher von 200 Meter hin und zurück, an einem weiteren Steinbruch vorbei. Man kennt diesen als Kuzenhöhle. Hier wurde in früheren Jahren ebenfalls Sandstein abgebaut. Zofingen ist nun nicht mehr weit. In der Altstadt gibt es sehr schön bemalte Häuser.

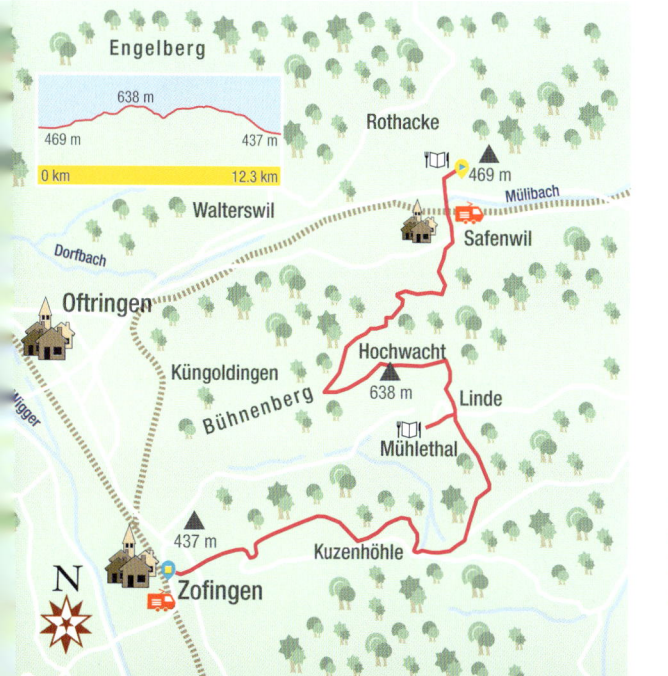

Charakteristik:
Angenehme Wanderung mit geringen Auf- und Abstiegen

JURA

oto: Fritz Hegi – Kartographie: Edition Lan AG

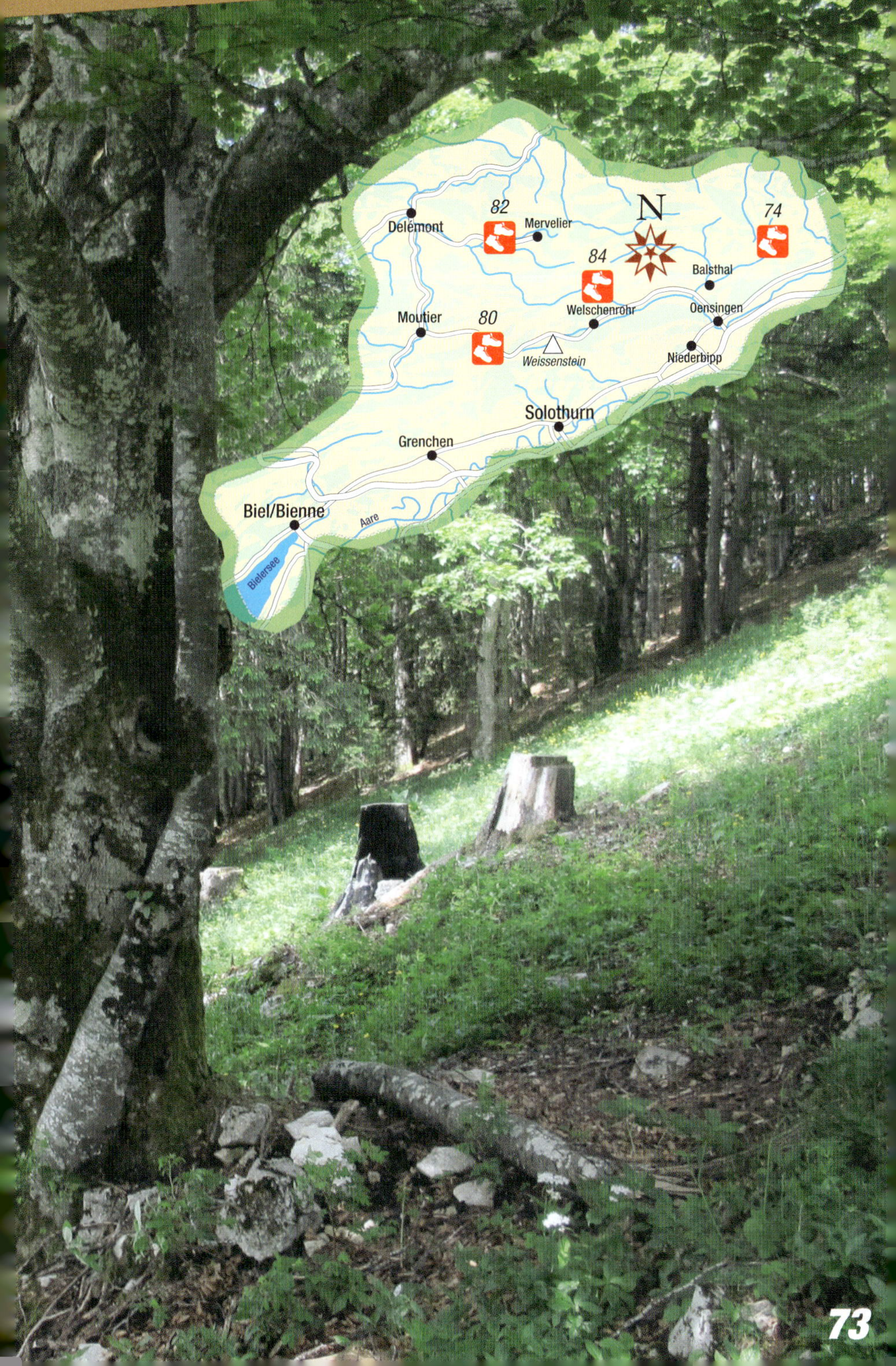

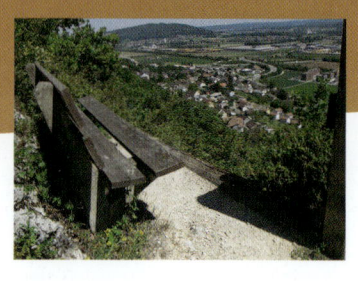

JURA

Wanderzeit: 3 h 30 min
Länge: 11 km
Höhendifferenz: 460 m bergauf, 670 m bergab

Roggenschnarz: über die erste Jurakette

Anreise:
Von Oensingen mit der OeBB nach Balsthal. Weiter mit dem Bus nach Holderbank SO, Post

Jahreszeit:
Mai bis Oktober

Wanderkarte:
1:50 000 Olten 224T

Schwierigkeit:
anspruchsvoll

Startkaffee:
Gasthof zum Kreuz, 4718 Holderbank (MO/DI geschlossen)

Mittagessen:
Bergwirtschaft Tiefmatt oder Restaurant Blüemlismatt, beide am Wanderweg (MO/DI geschlossen)

Rückreise:
Von Egerkingen SO mit der Bahn nach Olten oder Solothurn

Weitere Infos:
www.mysolothurn.com
www.waldwanderungen.so.ch

Der Kanton Solothurn hat sechs Waldwanderungen ausgesucht und in Flyern sowie auf seiner Homepage ausführlich beschrieben und dargestellt. Die Waldwanderung Nr. 1 «Bärlauchpesto und Märchenwald» nehmen wir uns vor, als wir in Oensingen in den Zug steigen – es handelt sich übrigens um die kürzeste Normalspur-Bahnstrecke der Schweiz (lediglich vier Kilometer lang). Wir freuen uns über den ersten schönen Tag nach dem verregneten Mai des Jahres 2013 – und geniessen nun das saftige Grün der Matten und das hellgrüne Laub der Wälder. Im Kreuz in Holderbank genehmigen wir uns unseren Startkaffe.

Der Weg steigt nun langsam an. Bis zum Märchenwald gilt es eine kurze, aber heftige Passage mit starker Steigung zu überwinden. Haben wir diese geschafft, ist es nicht mehr weit bis zum Roggenschnarz.

Eigentlich nahmen wir uns vor, nach dem Aufstieg auf dem Roggenschnarz, dem höchsten Punkt unserer Wanderung, einen Gipfelwein zu genehmigen. Fred hat dazu im Rucksack extra einen «Weissen» aus dem Wallis mitgetragen. Der Wind bläst aber oben zu stark, so dass wir zuerst über die Treppenstufen absteigen und bei der schönen Feuerstelle kurz vor der Tiefmatt den Apéro genossen. Was aber bedeutet der Na-

Fotos: Fritz Hegi

Holderbank SO (652 m) – Roggenschnarz (955 m) – Tiefmatt (809 m) – Egerkingen (440 m)

me Roggenschnarz? Christian Schmid, der bekannte 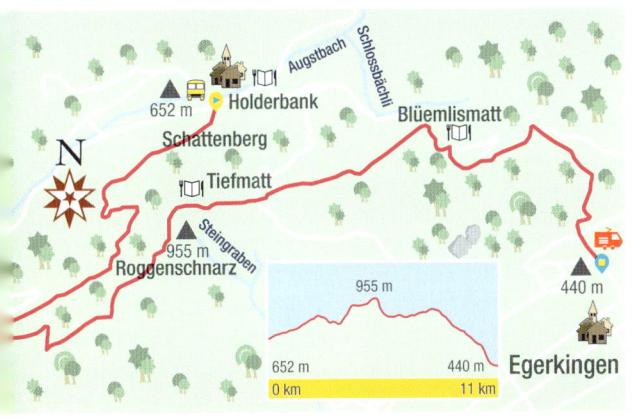 Dialektologe und frühere Moderator der Schnabelweid von SRF schreibt mir auf meine Anfrage u. a. folgendes: «vorstehendes Ende, Spitze», z. B. «an einem Berg, Felsen».
Die Tiefmatt ist ein Restaurant, das ich empfehlen kann. Wir haben hier sehr gut gegessen. Auch die Bedienung ist freundlich und zuvorkommend. Nach dem Essen geht es in leichtem Auf und Ab über Naturstrassen und Alpweiden an der Ruine «Alt Bechburg» vorbei zur Blüemlismatt, einer weiteren Einkehrmöglichkeit. Zu beachten ist, dass die Tiefmatt und die Blüemlismatt beide am Montag und Dienstag ihre Ruhetage haben.
Die Jakobsleiter kurz vor vor Egerkingen habe ich mir als eine Leiter in überhängendem Felsen vorgestellt. In Wirklichkeit ist diese aber ein wunderschön angelegter Serpentinenweg in steilem Gelände.

Charakteristik:
Wanderung auf Naturstrassen, durch schattige Wälder und offene Wiesen. Bei Nässe ist Vorsicht geboten beim Auf-und Abstieg zum Roggenschnarz

JURA

Wanderzeit: 3 h
Länge: 10,1 km
Höhendifferenz: 300 m bergauf, 10 m bergab

Combe Tabeillon: tiefe, wilde Schlucht

Anreise:
Mit der Bahn von Biel via Delémont nach Glovelier
Jahreszeit:
April bis November
Wanderkarte:
1:50 000 Clos du Doubs 222 T
Schwierigkeit:
mittelschwer
Startkaffee:
Café de la Poste, 2855 Glovelier, (MO geschlossen)

Mittagessen:
Restaurant Buffet de la Gare, La Combe, 2362 Montfaucon (DI+MI Ruhetag)
Rückreise:
Mit der Bahn von La Combe via Glovelier und Delémont nach Biel
Weitere Infos:
www.juratourisme.ch
www.les-cj.ch

Eigentlich ist es ein Wetter, bei dem man keinen Hund vors Haus jagt. Es regnet in Strömen, und es ist recht kalt an diesem Maientag. Wir lassen uns jedoch nicht von einer Wanderung abhalten und sagen einmal mehr: «Es gibt kein schlechtes Wetter, es gibt nur die unpassende Ausrüstung». In Glovelier steigen wir aus dem Zug und genehmigen uns den inzwischen «obligatorisch» gewordenen Startkaffee. Viele Wanderwegweiser gleich beim Bahnhof zeigen uns, dass wir uns in elnem Wanderparadis befinden. Wir folgen dem Wegweiser Combe Tabeillon. Links von uns rauscht ein Bach und rechts erfreuen uns schöne Laubbäume. Der Regen hört nun langsam auf. Grosse Pfützen müssen aber umrundet werden. Bei einem Bach, der von rechts oben die Strasse überschwemmt, müssen wir sogar die Schuhe ausziehen, weil das Wasser doch auf einer recht breiten Stelle knietief zu durchwaten ist. Genau solche Erlebnisse machen es aber aus, dass Wanderungen nachhaltig in Erinnerung bleiben. Bald erreichen wir nun die eigentliche Schlucht mit bedrohlich wirkend hohen Felswänden und Steinblöcken am Wegrand, welche irgenwann in früheren Tagen hinuntergedonnert sind. Wir stellen uns vor, dass die Wanderung auch an heissen Sommertagen recht angenehm ist, da es hier in der Schlucht an heissen Tagen doch recht

Fotos: Fritz Hegi

Glovelier (595 m) – Combe Tabeillon (607 m) – Côte des Arches (695 m) – Peut Champs (835 m) – La Combe (838 m)

kühl sein muss! An unserem Wandertag allerdings ist es so oder so kühl … Auch der Wald hat urtümlichen Charakter. Umgestürzte Bäume, die liegengelassen werden, Baumstrüncke, die mit Moos überwachsen sind. Fast zum Schluss kommen wir bei einer riesigen Felswand an einer alten Mühle mit einem Wasserad vorbei. Überall liegen vermooste Mühlsteine am Boden. Nach einem malerischen Weiher öffnet sich das Tal und es zeigt sich die typische Juralandschaft mit freistehenden Tannen in einer parkähnlichen Landschaft. Ich hoffe, dass das originelle Restaurant Buffet de la Gare in La Combe noch lange erhalten bleibt.

Charakteristik:
Eindrückliche aber einfache Schluchtenwanderung

JURA

Wanderzeit: 3 h 30 min
Länge: 10 km
Höhendifferenz: 500 m bergauf, 450 m bergab

Windige Höhen auf dem Tête de Ran

Anreise:
Von Neuenburg mit der Bahn in knapp 30 Minuten nach Les Hauts-Geneveys
Jahreszeit:
Mai bis Oktober
Wanderkarte:
1:50 000 Vallon de St-Imier 232 T
Schwierigkeit:
anspruchsvoll
Startkaffee:
Restaurant Buffet beim Bahnhof von Les Hauts-Geneveys

Mittagessen:
Restaurant Métairie Mont-Dar (offen 1.5. bis 31.10, Ruhetag MO+DI)
Rückreise:
Von La Sagne mit der Bahn via La Chaux de Fonds nach Neuenburg
Weitere Infos:
www.neuchateltourisme.ch
www.buvette-alpage.ch

Bis jetzt hatte ich nicht gewusst, wo Les Hauts-Geneveys liegt. Mit dem Bus erreichen wir diesen Ort vom Neuenburgersee aus in etwa 20 Minuten. Auf einer schönen Panoramatafel vor dem Bahnhof können wir uns gut orientieren. Natürlich fehlt auch der Startkaffee nicht, diesmal im Bahnhofbuffet. Das nächste Zwischenziel heisst Tête de Ran und die Wanderzeit wird mit 1 h 05 min angegeben. Am Anfang geht es etwas steil auf einer Asphaltstrasse bergauf. Dafür kommt kurz darauf die Landschaft, welche ich im Jura so liebe, zum Vorschein – weiche, parkähnliche Graswege und Naturstrassen mit frei stehenden mächtigen Tannen. Ein ganzes Feld gelber Enziane breitet sich ebenfalls vor unseren Füssen aus. Die Pflanze blüht erst mit zehn Jahren und kann 40 bis 60 Jahre alt werden. Vom weissen Germer, der fast gleich aussieht, unterschiedet sich der gelbe Enzian durch gegenständig statt wechselseitig angeordnete Blätter (Quelle: Wikipedia).

Den ersten Zwischenhalt machen wir im Restaurant Tête de Ran auf 1329 m ü. M. Der Wegweiser zu unserem Mittagessen ist aus Holz und zeigt nach Mont-Dar, ein Berghaus, wie man es noch oft im Jura antrifft:

Fotos: Verena und Fritz Hegi

Les Hauts-Geneveys (954 m) – Tête de Ran (1329 m) – Les Neigeux (1324 m) – Pouet Carre (1405 m) – La Grande Racine (1260 m) – La Sagne (1032 m)

einfach aber sehr gut. Wir lassen uns die Rösti mit Ei und Schinken bei einem Glas «Weissen» vom Neuenburgersee gern gut schmecken. Über den Weiler Les Neigeux erreichen wir über einen leicht ansteigenden Zick-Zack-Weg einen wunderbaren Aussichtspunkt.

Unter uns breitet sich das Val de Ruz mit dem Dorf Fontaines Bois de Ville, im Hintergrund glitzert der Neuenburgersee. Weiter gehts über die Rochersbrun und den Schiessplatz Les Pradières. Der Skulpturenweg, der auf dem Abstieg nach La Sagne angelegt ist, wurde 1979 durch Georges-André Favre und seine Ehefrau Juliette geschaffen. Wunderschöne Figuren haben sie aus Baumstämmen herausgeschnitzt. Allein für dieses Wegstück könnte man gut und gerne eine Stunde einplanen, wenn man alle Figuren genauer betrachten möchte. In La Sagne befindet sich mitten im Dorf das Hotel von Bergen, das bereits 1871 als Kurhotel geführt wurde.

Charakteristik:
Schöne Jura-Wanderung mit «Einkehren» in typischer Jura-Bergwirtschaft

JURA

Wanderzeit: 3 h 15 min
Länge: 9,3 km
Höhendifferenz: 550 m bergauf, 550 m bergab

Zum Hörnliteller im Oberdörfer: En Guete!

Anreise:
Mit der Bahn nach Gänsbrunnen
Jahreszeit:
April bis November
Wanderkarte:
1:50 000 Delémont 223T
Schwierigkeit:
anspruchsvoll
Startkaffee:
Hotel St. Joseph, 4716 Gänsbrunnen (Ruhetag: MO+DI)
Mittagessen:
Restaurant Oberdörfer am Wanderweg (Ruhetag: MO+DI)
Rückreise:
Ab Gänsbrunnen mit der Bahn
Weitere Infos:
www.naturparkthal.ch
www.oberdoerfer.ch

Als ich die Wanderung im Frühling 2012 unternahm, gab es keine Möglichkeit in Gänsbrunnen für das Startkaffee. Das Restaurant St. Joseph war geschlossen d.h. nicht mehr in Betrieb. Seit kurzem ist es wieder geöffnet. Wir nahmen den Startkaffee deshalb erst etwa nach einer halben Stunde im Bergasthof Montpelon. Die Wirtin dort war etwas enttäuscht, dass wir den durch sie unterhaltenen Zwergenweg zu ihrem Berghof nicht erwandert hatten. Ich erwähne das hier gerne, denn der Weg wurde mit viel Liebe und Herzblut erstellt und gepflegt. Vor allem Familien mit Kinder freuen sich über diese zusätzliche Attraktion.

Den Oberdörferberg auf 1297 m erreichen wir ohne grossen Aufwand. Wir schlendern über breite Naturstrassen, schmale Bergwege und weite Wege über freie Wiesen. Die Höhendifferenz von 570 m ist mit etwas Schwung gut zu schaffen. Vom Oberdörferberg folgen wir nun dem Weg talauswärts und erreichen bald das heimelige Bergrestaurant Oberdörfer. Andi und Luzia betreiben das Restaurant ganzjährig. Daneben betreuen sie im Sommer zwischen 60 bis 75 Rinder. Andi hat sich mit der Übernahme des Bergrestaurants im Jahr 2012 einen alten Traum erfüllt. Mit der technischen Welt ist er trotz seines

Fotos: Fritz Hegi

Gänsbrunnen, Stn. (719 m) – Gänsbrunnen (745 m) – Montpelon (922 m) – Oberdörferberg (1297 m) – Restaurant Oberdörfer (1234 m) – Gänsbrunnen Stn. (719 m)

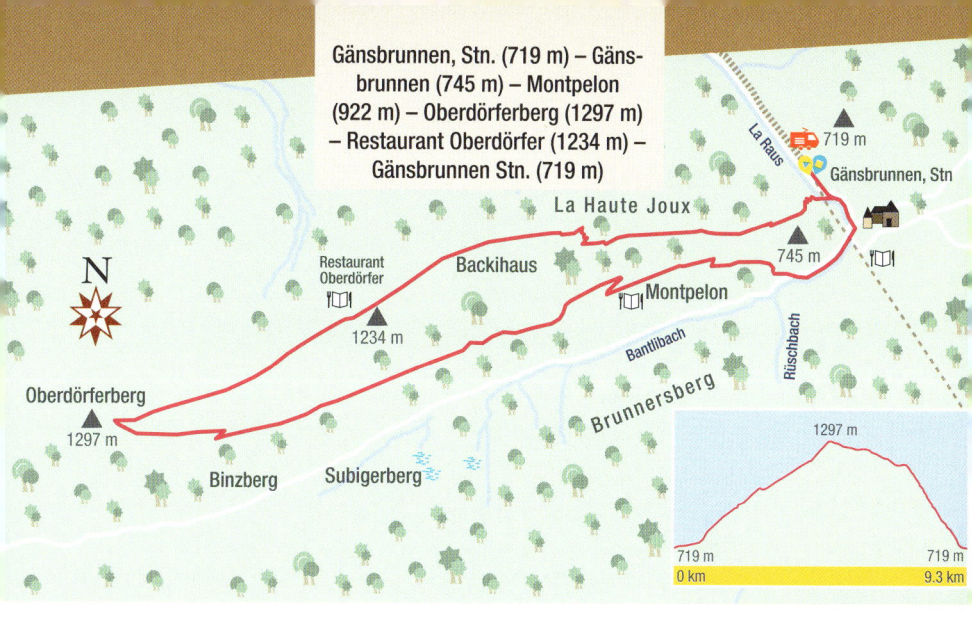

Alpenlebens natürlich über das Internet immer noch bestens vernetzt. Gegessen haben wir übrigens Ghacktes mit Hörnli und Apfelschnitzen – die Spezialität des Hauses. Probieren sollte man sie unbedingt! Zum Dessert geniessen wir noch einen herrlichen Aprikosenkuchen.

Nach dem Backihaus kommen wir zu einem grandiosen Aussichtspunkt. Bis Gänsbrunnen sind es von dort aus noch 50 Minuten.

Zuerst duchqueren wir den «Unheimlichen DURCHGANG». Das Martinsweglein ist nicht gefährlich, verlangt aber gleich am Anfang doch einige Trittsicherheit, weil es steil bergab geht. Nachher folgt eine breite Strasse. Erst kurz vor Gänsbrunnen ist noch ein Abhang zu bewältigen.

Charakteristik:
Genussvolle Jura-Wanderung im Naturpark Thal – Trittsicherheit erforderlich

JURA

Wanderzeit: 3 h 30 min
Länge: 11 km
Höhendifferenz: 480 m bergauf, 400 m bergab

Tiergarten: liegengelassene Wanderstöcke

Anreise:
Mit der Bahn nach Delémont und von dort weiter mit dem Bus nach Vicques, poste (Richtung Montsevelier, poste)
Jahreszeit:
ganzjährig
Wanderkarte:
1:50 000 Delémont 223T
Schwierigkeit:
anspruchsvoll
Startkaffee:
Restaurant Topaze, Route Principale 28, 2824 Vicques
Mittagessen:
Restaurant du Canon d'Or, Bas du Village 4, 2829 Vermes
Rückreise:
Von Corban, place du 23 juin, mit dem Bus nach Delémont und von dort aus weiter mit der Bahn
Weitere Infos:
www.juratourisme.ch
www.juravitraux.ch/d/localites (Kirchenfenster)

Die Konzentration von modernen Glasgemälden in den verschiedenen Ortschaften des Juras ist in Europa aussergewöhnlich und einzigartig. Die Kirchenfenster der modernen Kirche in Vicques sind eines der vielen, sehenswerten Beispiele. Geschaffen hat sie Bernhard Schorderet aus Fribourg zwischen 1958 und 1960.

Zum Startkaffee spazieren wir ab der Busstation einige Meter zurück. Es ist ein herrlicher Frühlingstag Anfang Mai. Über eine breite Strasse wandern wir leicht aufwärts. Links von uns weiden zwei schöne Pferde. Wir folgen nun dem Weg 451 «Chemin Tiergart». Bei Prés Godat treten wir in den Wald. Das Laub der Buchen ist hellgrün. Ich liebe diese Farbe und diese Stimmung sehr. Vorbei an einer riesigen Raststätte mit Waldhütten, und weiter über Treppen und Leitern gelangen wir zu ei-

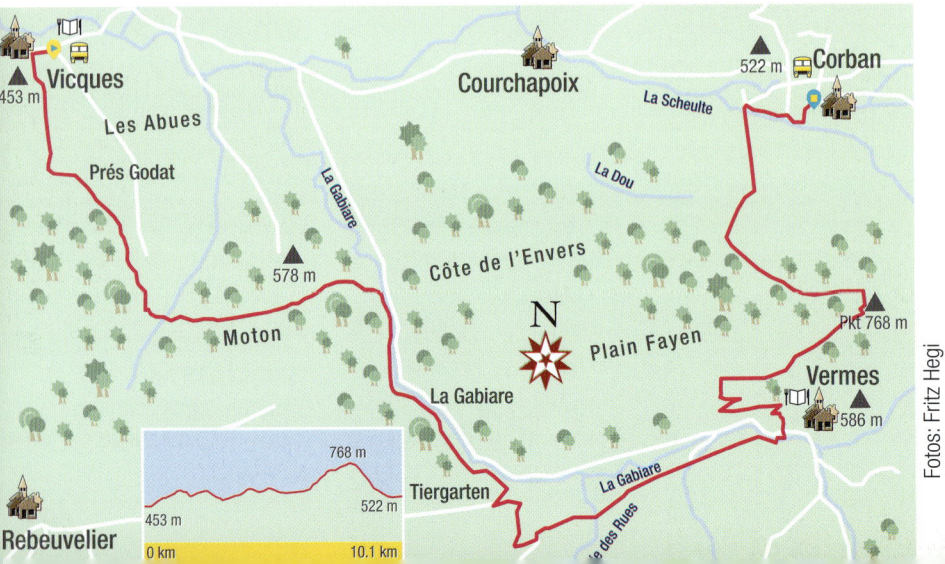

Fotos: Fritz Hegi

Vicques, poste (453 m) – Prés Godat (525 m) – La Gabiare (499 m) – Tiergarten (568 m) – Vermes (586 m) – Pkt 768 – Corban (522 m)

nem Aussichtspunkt bei Tiergarten. Das enge Tal und die Verbindungsstrasse La Cran hatte früher sicher militärisch eine gewisse Bedeutung. Noch immer ist der ganze Berg vollgespickt mit Bunkern. 1987 wurden die Festungen ausgeräumt, wie ich im Internet gelesen habe.

Bei den ersten Häusern nach dem Waldrand lädt uns ein älterer Mann zu einem Schnaps ein. Gastfreundschaft in Ehren, aber für so Hochprozentiges ist es uns doch noch zu früh, und wir lehnen dankend ab. Ein kurzer Schwatz in Französisch tut ihm und uns aber doch gut.

Auf der Ebene kurz vor Vermes ist es Zeit für den Apéro. Fred offeriert einen Rueda «Oro de Castilla». Wir haben es heute mit dem Gold. In Vermes kehren wir im Restaurant «Canon d'or» ein.

Sehenswert sind die alten Fresken in der einfachen Kirche von Vermes. Der Weg steigt nun in angenehmem Zick-Zack auf den höchsten Punkt unserer Wanderung. Die Tafeln des Themenweges sind von Hand geschrieben. In Corban warten wir einige Minuten auf den Bus, der uns nach Delémont zurückbringt. Im Bus gestikuliert plötzlich Hansruedi ziemlich aufgeregt – er hat festgestellt, dass er die Wanderstöcke nicht dabei hat. Diese liegen noch an der Bushaltestelle in Corban, wo wir vor kurzem auf den Bus gewartet hatten. Zurückfahren wollten wir nicht mehr – und so hat Hansruedi eben jemandem eine Freude mit gebrauchten Wanderstöcken gemacht.

Charakteristik:
Wanderung mit angenehmen Auf- und und Abstiegen

JURA

Wanderzeit: 3 h 30 min
Länge: 8 km
Höhendifferenz: 500 m bergauf, 600 m bergab

Leckere Käseschnitte nach der Wolfsschlucht

Anreise:
Mit der Bahn nach Gänsbrunnen, Oensingen oder Balsthal, weiter mit dem Bus Nr. 129 bis Station Welschenrohr, Wolfsschlucht. (Fahrplan beachten)
Jahreszeit:
Mai bis Oktober
Wanderkarte:
1:50 000 Delémont 223T
Schwierigkeit:
anspruchsvoll
Startkaffee:
kein Startkaffe

Mittagessen:
Bergwirtschaft Obere Tannmatt, 4715 Herbetswil (Betriebszeiten nach Bedarf: vier Tage vorher reservieren)
Rückreise:
Ab Herbetswil, Dorf mit dem Bus Nr. 129 nach Gänsbrunnen, Oensingen oder Balsthal fahren weiter mit der Bahn (Fahrplan beachten)
Weitere Infos:
www.naturparkthal.ch

Thomas Widmer beschreibt in einer seiner Wanderkolumnen im «BUND» die Käseschnitte von der oberen Tannmatt wie folgt: «Auf der Speisekarte ist eine Käseschnitte aufgeführt, wir nehmen die reichhaltige Variante mit Speck und Spiegelei für 12 Franken 50. Nach fast einer halben Stunde Vorfreude kommt ein Monument. Die vollendete Realisierung der Idee. Die ultimative, die finale, die metaphysische Version. Die Käseschnitte, nach der jede andere Käseschnitte sinnlos ist. Riesig ist sie, fein, der Käsebelag bildet in souffléartiger Konsistenz eine Glocke über dem Brot. Kleingeschnittener Speck gibt den Chust. Himmlisch». Mit solch einem Ziel vor Augen ist die Wanderung von gut eineinhalb Stunden durch die Wolfsschlucht fast Nebensache. Dabei hat die Wolfsschlucht einiges zu bieten. Sie ist kantonales Naturschutzreservat und gehört zum Naturpark Thal. Es ist wild und eng. Nach dem Durchstieg der Schlucht gelangen wir auf eine Hochebene mit offenen Wiesen. Es grasen Kühe. Auch ein schwarzer Muni ist zu sehen, den wir tunlichst in grossem Bogen umgehen. Hat jemand ein rote Jacke angezogen? Im Wald geht es dann wieder bergauf. Vor der Tannmatt kommt es zu einem Gespräch mit einem Stammgast, der draussen auf einer Bank sitzt und uns fragt, ob wir die Gämsen gesehen hätten? Wir denken, dass er einen Witz macht und sagen: «Ja, ja die Geissen haben wir gesehen». Da wird er beinahe böse und sagt, das seien wirklich Gämsen! Wir glauben es ihm, obwohl wir uns Gämsen eigentlich

Fotos: Fritz Hegi

84

Welchenrohr, Wolfsschlucht (605 m) – Wolfsschlucht (740 m) – Tufftbrunnen (952 m) – Obere Tannmatt (1122 m) – Wäscheten (815 m) – Herbetswil, Dorf (524 m)

nur weiter oben in den Bergen vorstellen können. Später wird uns allerdings von anderer Seite auch noch bestätigt, dass es sich tatsächlich um Gämsen handelt, die im Naturpark Thal leben und vom Luchs gejagt werden. Die Käseschnitte bestellen wir selbstverständlich. Sie ist wirklich himmlisch, der «BUND» hat nicht übertrieben! Zum Abschluss gönnen wir uns noch eine Meringue – das ist dann aber fast des Guten zuviel …
Über die untere Tannmatt gelangen wir in gut einer Stunde nach Herbetswil.

Dort genehmigen wir uns bei einem Weiher mitten im Dorf den Abschlusstrunk.

Charakteristik:
Wanderung durch eine wilde Schlucht und über Juraweiden

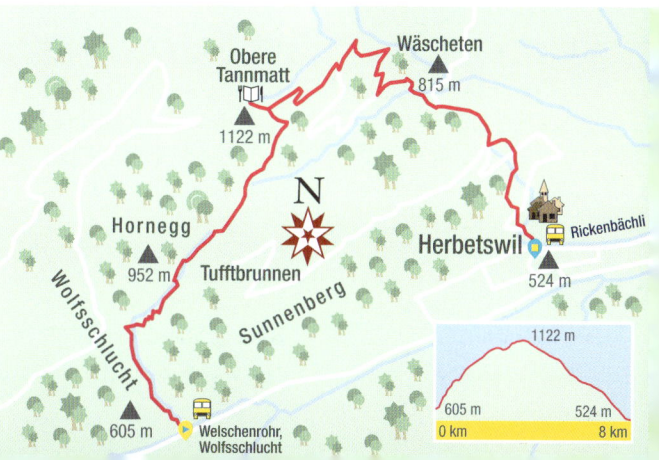

NORDWESTSCHWEIZ

Foto: Fritz Hegi – Kartographie: Edition Lan AG

NORDWESTSCHWEIZ

Wanderzeit: 3 h
Länge: 11,3 km
Höhendifferenz: 240 m bergauf, 240 m bergab

Zwei Wege führen auf die Rothenfluher Flue

Anreise:
Mit der Bahn nach Gelterkinden, weiter mit dem Bus nach Rothenfluh, Hirschengasse
Jahreszeit:
ganzjährig
Wanderkarte:
1:50 000 Liestal 214T
Schwierigkeit:
mittelschwer
Startkaffee:
Restaurant Rössli, Rössligasse 13, 4467 Rothenfluh (Ruhetage: MO+DI, für Gruppen ab 10 Personen alle Tage offen)
Mittagessen:
Restaurant Jägerstübli, Hauptstrasse 13, 4469 Anwil (Ruhetage: MO+DI)
Rückreise:
Von Rothenfluh, Hirschengasse, mit dem Bus nach Gelterkinden und von dort weiter mit den SBB
Weitere Infos:
www.rothenfluh.ch
www.anwil.ch

Rothenfluh liegt ganz im Osten des Baselbieter Juras und gehört als politische Gemeinde zum Bezirk Sissach. Das Dorf besitzt einen unverfälschten ländlichen Charakter. Das Wappen der Gemeinde zeigt auf goldenem Grund eine rote Fluh auf grünem Dreiberg. Und genau diese rote Fluh ist unser erstes Zwischenziel, da wir die Rundwanderung im Uhrzeigersinn vorgesehen haben. Nach etwa 200 Metern haben wir die Wahl zwischen zwei Wegen, um die rund 200 Höhenmeter auf die Roti Flue zu bewältigen.

Wir wählen die Variante, welche rechts abzweigt und einen weniger steilen Aufstieg aufweist. Dafür ist sie etwa 300 Meter länger. Im Hang, wo der Wald wahrscheinlich durch Sturm umgelegt wurde, finden wir leuchtend rote Walderdbeeren. Wir können der Versuchung nicht widerstehen, diese zu pflücken und zu essen – obwohl immer wieder gewarnt wird wegen dem Fuchsbandwurm ... Oben auf der Rothenfluher Flue erwartet uns ein herrlicher Ausblick auf das Dorf, welches nun links unter uns liegt. Der Sonnenkalender, angezeigt mit braunen Wegweisern, ist sicher sehenswert. Wir lassen ihn jedoch heute links liegen und folgen nun breiten Naturstras-

Fotos: Fritz Hegi und Walter Frei

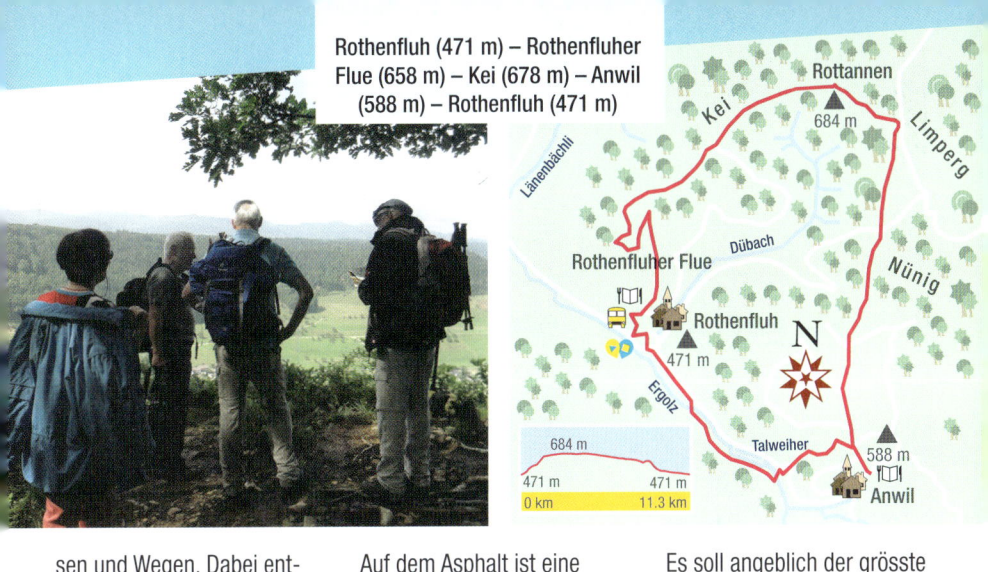

Rothenfluh (471 m) – Rothenfluher Flue (658 m) – Kei (678 m) – Anwil (588 m) – Rothenfluh (471 m)

sen und Wegen. Dabei entdecken wir riesige Ameisenhaufen und viele «Hüsli Schnecken» auf dem Weg, welche Vreni immer aufnimmt und am sicheren Wegrand absetzt, um sie vor Wanderertritten zu schützen. Bei Limperg sind wir an der Kantonsgrenze zum Aargau. Der Wanderweg führt nun einige hundert Meter entlang dieser und überquert dann die Kantonsstrasse.

Auf dem Asphalt ist eine Marke BL/AG angebracht, was uns bestätigt, dass wir uns an der Kantonsgrenze befinden. Anwil ist als typisches Bauerndorf erhalten geblieben. Mitten im Dorf entdecken wir auf einer Holzstange einen Baldachin mit etwa 40 Schwalbennestern. Das Restaurant Jägerstübli ist ein Geheimtipp. Wir fühlen uns sehr wohl. Der Dorfbrunnen ist sehenswert.

Es soll angeblich der grösste im Baselbiet sein.
Nach dem Essen erwartet uns das Naturschutzgebiet Talweiher. Bald sind wir in Rothenfluh, von wo uns das Postauto wieder sicher nach Gelterkinden bringt.

Charakteristik:
Einfache, genussvolle Rundwanderung mit nicht anstrengenden Steigungen

NORDWESTSCHWEIZ

Wanderzeit: 3 h
Länge: 10,2 km
Höhendifferenz: 290 m bergauf, 230 m bergab

Romantischer Wasserfall und Höhenburg

Anreise:
Mit den SBB nach Liestal und von dort weiter mit dem Niederflurbus (Nrn. 71/72 Richtung Reigoldswil) bis Bubendorf, Bad
Jahreszeit:
ganzjährig
Wanderkarte:
1:50 000 Liestal 214T und Olten 224T
Schwierigkeit:
mittelschwer

Startkaffee:
Bad Bubendorf, Kantonsstrasse 3, 4416 Bubendorf
Mittagessen:
Restaurant Linde, Hauptstr. 36, 4434 Hölstein (Ruhetag: DI)
Rückreise:
Mit der Waldenburgerbahn von Hölstein nach Liestal und von dort weiter mit den SBB
Weitere Infos:
www.lampenberg.ch
www.fr-schloss-wildenstein.ch

Heute bin ich allein unterwegs. Beim Bad Bubendorf steige ich aus dem Bus. Das grosse Haus gegenüber der Strasse kenne ich von früher, als ich noch berufstätig war. Heute geniesse ich den Startkaffee mit Gipfeli dort. Ich folge dem Wanderweg auf der Strasse Richtung Bubendorf und zweige bei den ersten Häusern rechts ab. Fast 45 Minuten wandere ich nun durch das Dorf.

An seinem Ende finde ich braune Wegweiser, die mir den Weg nach Wildenstein anzeigen. Bei der nächsten Abzweigung gehe ich nicht links, sondern mache den etwas längeren Weg zum Sormattfall. Der Wald von Siglisberg ist romantisch. Ich folge dem Bach, dessen Wasser weiter vorn über einen Felsen herunterfällt. Das Wasser spritzt zuerst auf einen grossen runden, moosbedeckten Stein, der sich bis auf ungefähr die halbe Höhe erstreckt, um sich dann nach unten gleichmässig auf alle Seiten zu verteilen. Wirklich ein schönes Bild!

Der Weg steigt nun ein paar Meter an, bis ich das Schloss Wildenstein erreiche. Es ist die einzige noch erhaltene Höhenburg des Kantons. Das Baselbiet hat dieses Schloss übernommen, um den einzigartigen Schlosskomplex, dessen Wohnturm aus dem 13. Jahrhundert stammt, mitsamt dem Um-

Fotos: Fritz Hegi

Bubendorf, Zentrum (372 m) – Sormattfall (452 m) – Schloss Wildenstein (510 m) – Pkt 518 m – Lampenberg (522 m) – Hölstein (419 m)

schwung für die Nachwelt zu erhalten. Das Schloss wurde sanft renoviert. Bei Wildenstein folge ich dem Wegweiser nach Murenberg. Auf dem weiten Feld sehe ich links einen kleinen Weiher. Ich freue mich über einen herrlichen Maientag. Die Blütezeit der Kirschbäume, meistens ca. Mitte April, ist allerdings bereits vorbei. Beim Punkt 518, vor dem Waldrand, zweige ich rechts ab und gelange nach ca. 300 Metern in den Stälzlerwald und nach Lampenberg. Aus der Homepage der Gemeinde entnehme ich, dass das Dorf Lampenberg als alemannische Spätsiedlung (6.–7. Jahrhundert) «Berg des Lantbert oder Lampert» gilt. Vorher bestand ganz in der Nähe, auf der heute bewaldeten Höhe westlich des Hofes «Tal», ein römischer Hof, von dem 1936 und 1952 Geschirrscherben gefunden wurden. Auch heute noch deuten Flurnamen wie «Gampelen» (campana) darauf hin. Nach Hölstein ist es nicht mehr weit. Mit dem Waldenburgerbähnli kehre ich zurück nach Liestal.

Charakteristik:
Schöne Frühlingswanderung zu einem schönen Wasserfall und über Hügel ins Waldenburgertal

NORDWESTSCHWEIZ

Wanderzeit: 3 h
Länge: 10,2 km
Höhendifferenz: 280 m bergauf, 250 m bergab

Grenzwanderung zum St. Chrischona-Turm

Anreise:
Von Basel Hauptbahnhof mit dem Tram (Linie 2) zum Wettsteinplatz (Richtung Eglisee), dort Umsteigen auf Niederflurbus Nr. 38 Richtung Wyhlen bis zur Station Basel, Tinguely-Museum.
Jahreszeit:
ganzjährig
Wanderkarte:
1:50 000 Basel 213T
Schwierigkeit:
mittelschwer
Startkaffee:
Museumsbistro «Chez Jeannot», Christina Campana, Paul Sacher-Anlage 1, 4058 Basel (offen: 10.00–18.00 Uhr (Ruhetag MO)
Mittagessen:
Restaurant Waldrain, St. Chrischona, Hohestrasse 31, 4126 Riehen (offen: 9.00–18-00 Uhr; Ruhetage: MO+DI)
Rückreise:
Mit der S6 nach Basel HB
Weitere Infos:
Buch Meyrat/Schnyder: «Bettingen – Geschichte eines Dorfes» (Basel, 2011) im Kapitel «Grenzen und Nachbarn»

Ist man so früh unterwegs wie wir, muss man leider auf den Startkaffee verzichten, da die beiden Restaurants bei der Station Tinguely-Museum erst um 10.00 Uhr öffnen. Wir wandern also los und folgen zuerst dem rechten Rheinufer durch die Rheinhalde bis zur Zollstation. Die Rheinhalde ist ein schmaler, 1,6 Kilometer langer Streifen und gilt als ältestes Naturschutzgebiet der Schweiz.
Im Rippel steigt der Weg steil an, und wir erreichen auf Zick-Zack-Pfaden bald den Grenzacher Hornfelsen – ein schöner Aussichtspunkt auf deutschem Gebiet und Gelegenheit eine Trinkpause einzulegen. Wir haben bereits Spätherbst, und die Laubbäume sind wunderbar farbig. Mehr als 100 Hektaren Waldhang stehen hier im deutschen Grenzach unter Schutz. Und im Inneren des Waldes schliesst sich auf Schweizer Terrain das kleine Naturschutzgebiet Horngraben an, wo seit 1982 jede Holznutzung unterbleibt. Weiter auf dem Weg entdecken wir Grenzsteine mit der Bezeichnung GB darauf. Die Gemeindeverwaltung von Riehen antwortet mir auf meine Frage, was mit «GB»

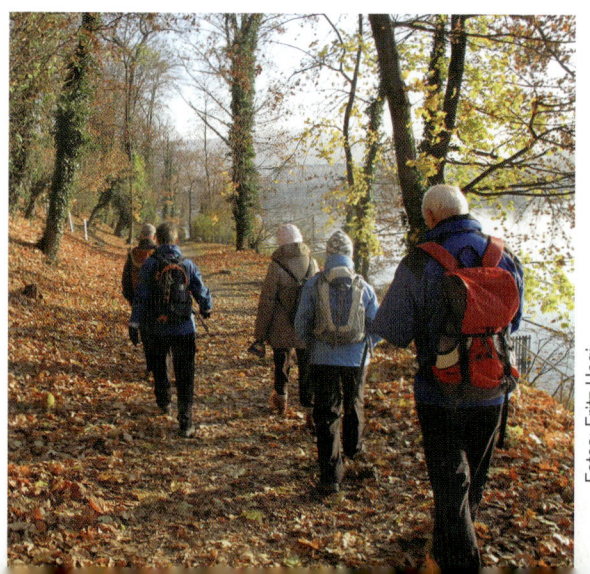

Fotos: Fritz Hegi

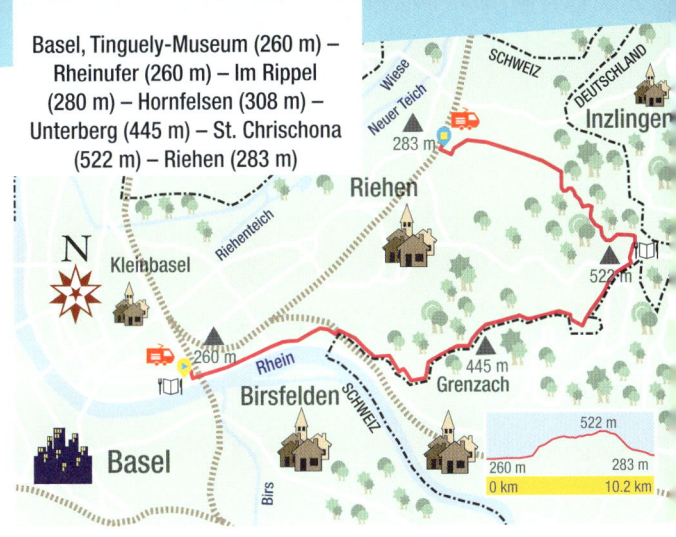

Basel, Tinguely-Museum (260 m) – Rheinufer (260 m) – Im Rippel (280 m) – Hornfelsen (308 m) – Unterberg (445 m) – St. Chrischona (522 m) – Riehen (283 m)

gemeint ist, wie folgt: «GB bedeutet Grossherzogtum Baden. Es handelt sich um einen Landesgrenzstein. Zu Beginn des 19. Jahrhunderts gingen Bettingens Nachbargemeinden Grenzach, Wyhlen (heute Grenzach-Wyhlen) und Inzlingen an das Grossherzogtum Baden über. Dessen Wappen (gelbe Fläche mit rotem Schrägbalken) findet sich auf vielen Grenzsteinen. Auf anderen Steinen werden Sie das Wappen der Reich von Reichenstein (Saufeder auf gelbem Grund) oder das Wappen von Österreich finden – Zeugnisse der früheren Herrschafts-/Lehensverhältnisse. Die Schweizer Seite ist meist mit einem Baslerstab markiert».

Der Turm der Swisscom taucht kurz vor St. Chrischona plötzlich am Horizont auf. Er ist 250 Meter hoch und wurde zwischen 1980 und 1983 errichtet.

Charakteristik:
Einfache Wanderung durch Naturschutzgebiete zu einem weitherum sichtbaren Wahrzeichen.

NORDWESTSCHWEIZ

Wanderzeit: 4 h
Länge: 15,5 km
Höhendifferenz: 420 m bergauf, 380 m bergab

Hoher Turm und lange Würste

Anreise:
Von Brugg AG mit dem Bus 142 (Richtung Laufenburg) oder mit dem Bus 374 (Richtung Mönthal) bis Remigen, Zentrum
Jahreszeit:
ganzjährig
Wanderkarte:
1:50 000 Baden 215T und Liestal 214T
Schwierigkeit:
anspruchsvoll
Startkaffee:
Gasthof und Restaurant Bären, Gansingerstrasse 22, 5236 Remigen (Ruhetage: MO und jeden 3. SO im Monat)
Mittagessen:
Besenbeiz Sennhütte in der Nähe des Cheisacherturms (Betriebszeiten beachten)
Rückreise:
Von Effingen, Dorf mit dem Bus 137 nach Brugg und von dort weiter mit den SBB
Weitere Infos:
www.cheisacher-turm.ch

Der Cheisacherturm liegt am Fricktaler Höhenweg, der sich von Rheinfelden über Frick bis nach Mettau erstreckt. Unser Startkaffee geniessen wir im Bären, im Restaurant, das sich unmittelbar neben der «Wernli Metzg» befindet. Die Riesenbratwurst, ähnlich wie man das etwa in Amerika sieht, ragt fast bis auf das Troittoir hinaus. Wir folgen dem Weg zum Römerrebberg. Auf den schön beschrifteten und bebilderten Tafeln lesen wir, dass die Südhänge um Remigen ideale Reblagen sind. Schon die Römer legten den Weg von Augusta Raurica nach Vindonissa in diese Gegend. Remigen wurde 1064 erstmals erwähnt. Das Kirchlein rechts vom Weg passt sehr gut in die Rebberge. Die Dächer der Kirche und des Turms haben die Form eines «Chässchnitzes». Es geht auf breiter Naturstrasse nun leicht aufwärts. Es wechseln sich Waldpartien mit offenem Feld ab. Wir sind nun auf dem Fricktalerhöhenweg. Mit blauen Wegweisern wird uns die Richtung zum Cheisacherturm angezeigt. Zu dieser Aussichtswarte besteht eine informative Homepage. Ich zitiere (nicht wörtlich) zur Geschichte des Turmes wie folgt: «Das Forum Fricktal, ein 1997 gegründeter und im Frühjahr 2010 aufgelöster Verein, übernahm von Projektbeginn bis zur Sicherstellung der Finanzierung die Trägerschaft für das Projekt Cheisacherturm und leistete mit einer Startfinanzierung aus eigenen Mitteln einen bedeutenden Beitrag zur Realisierung des Projekts. Am 20. Mai 2010 wurde dann der Trägerverein Cheisacherturm gegründet, der für Bau, Betrieb und Unterhalt verantwortlich ist. Am 4. Oktober 2010 wurde der Turm eingeweiht». Das Bauwerk ist eine geschickte Kombination aus Stahl und Holz. Von der Turmplattform geniesst man eine fantastische Rundumsicht. Die blauen Jurazüge erscheinen mir wie auf einem Gemälde eines Impressionisten. Uele und Margreth sind heute das erste Mal als Gäste dabei

Fotos: Fritz Hegi

Remigen, Zentrum (389 m) –
Wüestacher (530 m) – Oberegg
(516 m) – Cheisacherturm (698 m) –
Sternwarte (665 m) – Neumatt
(601 m) – Sennhütte (634 m) –
Effingen (433 m)

und so ergibt sich die Möglichkeit, etwas unterhalb des Turmes beim wunderschönen Rastplatz auf ihren Einstand mit einem Glas Weissen anzustossen. Der Wurstteller mit zwölf Würsten bei der Besenbeiz Sennhütte war fast «unanständig», aber gut. Bis nach Effingen waren es von hier aus bloss noch eineinviertel Stunden.

Charakteristik:
Etwas anspruchsvollere Wanderung über Felder und durch Wälder zu einem schönen Aussichtsturm

ZÜRICH UND SCHAFFHAUSEN

oto: Fritz Hegi – Kartographie: Edition Lan AG

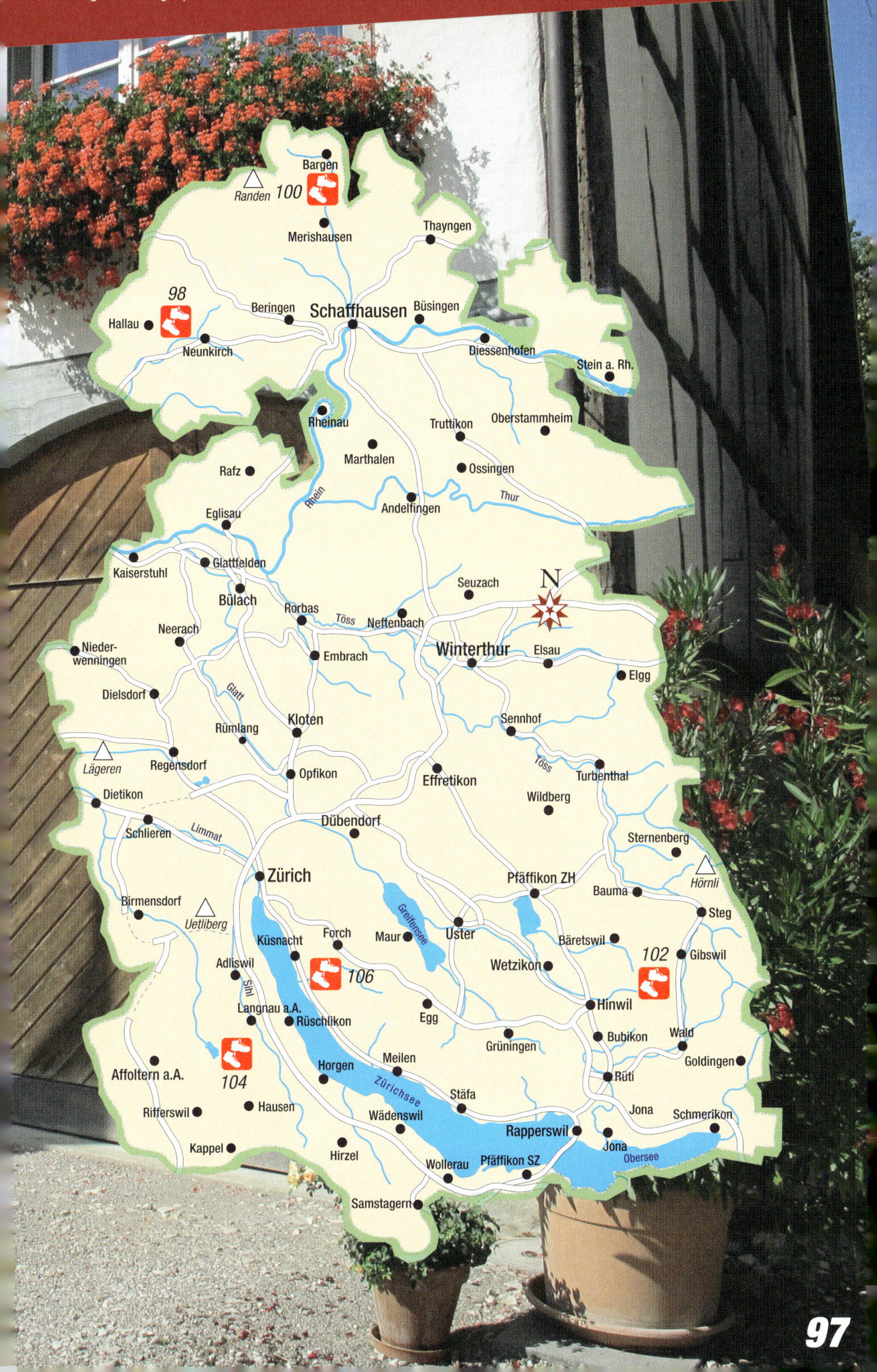

ZÜRICH UND SCHAFFHAUSEN

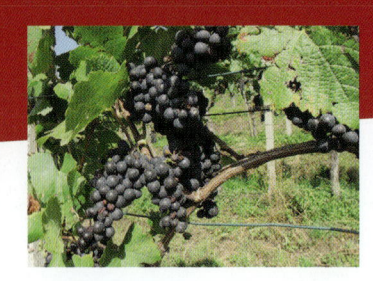

Wanderzeit: 2 h 45 min (+30 min bis Wilchingen)
Länge: 9 km (+1,7 km bis Wilchingen)
Höhendifferenz: 290 m bergauf, 280 m bergab

«Chumm und lueg!»

Anreise:
Ab dem Bahnhof Schaffhausen mit dem Regio bis Wilchingen-Hallau, von dort mit dem Niederflurbus bis Wilchingen, Dorf
Jahreszeit:
ganzjährig
Wanderkarte:
1:50 000 Schaffhausen 205 (ohne Wanderwege)
Schwierigkeit:
mittelschwer
Startkaffee:
Restaurant Traube, Hauptstrasse 29, 8217 Wilchingen
Mittagessen:
Restaurant Rossberghof (Ruhetage: MO+DI)
Rückreise:
Ab Osterfingen, Lindenhof, mit dem Bus nach Wilchingen-Hallau und von dort mit der Bahn nach Schaffhausen
Weitere Infos:
www.gmaandhuus-wilchingen.ch
www.rossberghof.ch

«Bedient Euch doch bitte», sagt die nette Frau, welche auf dem Vorplatz der Kirche von Wilchingen am Abräumen eines grossen Buffets ist, das soeben serviert wurde. Vorhin sei eine grössere Gesellschaft hier gewesen, welche nicht alles aufgegessen habe und sie müsse das ganze Buffet sonst entsorgen. Wir nehmen das Angebot gern an und zahlen ihr am Schluss auch noch etwas in die Kirchenkasse. Danach wirds Zeit für unsere Wanderung: Wir folgen dem Wegweiser «Chumm und Lueg». Zuerst kommen wir an Rebbergen vorbei, wie das im Hallau auch nicht anders zu erwarten ist. Es ist Herbst und kurz vor dem Lesebeginn. Ein Weinbauer gibt uns einige Zottel der Blauburgunder zum Probieren. Sie sind schon ziemlich süss. In zwei Wochen können sie gelesen werden. Wir wandern auch auf dem Schaffhauser Dichterpfad und lesen verschiedene Gedichte. Eines fällt mir besonders auf. Es ist von Johann Conrad Peyer (1653–1712) und handelt von der Kürze des Lebens. Zum Schluss heisst es: « … so verfliegt das Leben auch! Unser Sein ist wie ein Traum. Ach, wir sind und fühlens kaum.»
Meine Devise: Geniesse den Augenblick!
Maja hat heute Geburtstag.

Fotos: Fritz und Verena Heri

Wilchingen, Post (419 m) – Oberholz (547 m) – Talsteighau (535 m) – Rossberghof (621 m) – Ruine Radegg (586 m) – Osterfingen, Lindenhof (427 m)

Nahe beim Rossberg stossen wir auf ihre Gesundheit an und auf ein hoffentlich noch langes Leben. Das Restaurant Rossberghof ist eine Entdeckung der besonders angenehmen Art. Das Essen und die Bedienung sind exzellent. Es gibt einen hausgemachten Rindshackbraten mit Kartoffelstock. Als Wein genehmigen wir uns einen herrlichen hellen Pinot von Osterfingen. Nach dem Essen wandern wir zuerst übers weite Feld Richtung Ruine Radegg, später durch den Wald. Die Ruine Radegg ist nur noch ein Steinhaufen. In Wikipedia lese ich, dass man in den Jahren 1923 bis 1937 die Ruine erforscht hat, aber wenig über die Entstehung und ihre Erbauer, die Herren Radegg, weiss. Der Weg führt nun steil den Wald hinunter, z.T. auch über Treppen. Nochmals an schönen Rebbergen vorbei, gelangen wir nach Osterfingen, wo wir in den Bus steigen und den Rückweg antreten.

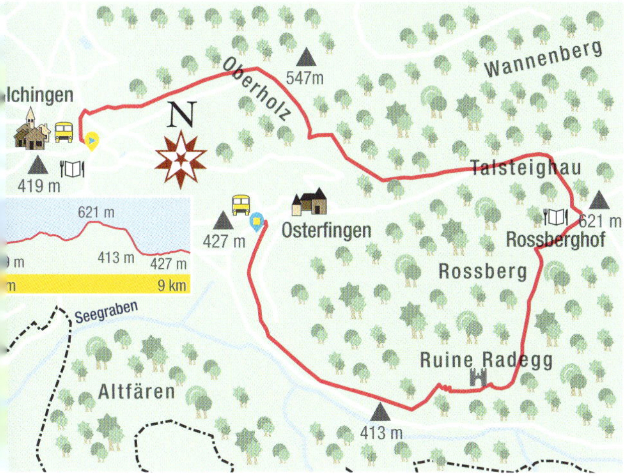

Charakteristik:
Genussvolle Wanderung durch Rebberge, Wälder und offene Felder

ZÜRICH UND SCHAFFHAUSEN

Wanderzeit: 3 h
Länge: 10 km
Höhendifferenz: 300 m bergauf, 300 m bergab

«Frauenschüeli» und eine Grenzwanderung

Anreise:
Vom Bahnhof Schaffhausen mit dem Niederflurbus (Linie 23) nach Bargen, Dorf
Jahreszeit:
Grundsätzlich ganzjährig – am schönsten von Ende Mai bis Mitte Juni wenn die «Frauenschühli» blühen
Wanderkarte:
1:50 000 Schaffhausen 205 (ohne Wanderwege)
Schwierigkeit:
mittelschwer

Startkaffee:
Confiserie Rohr, Vordergasse 57, 8200 Schaffhausen
Mittagessen:
Restaurant Krone, Neuhaus (D)
Rückreise:
Von Bargen, Dorf, mit dem Niederflurbus (Linie 23) zum Bahnhof Schaffhausen
Weitere Infos:
www.bargen.ch

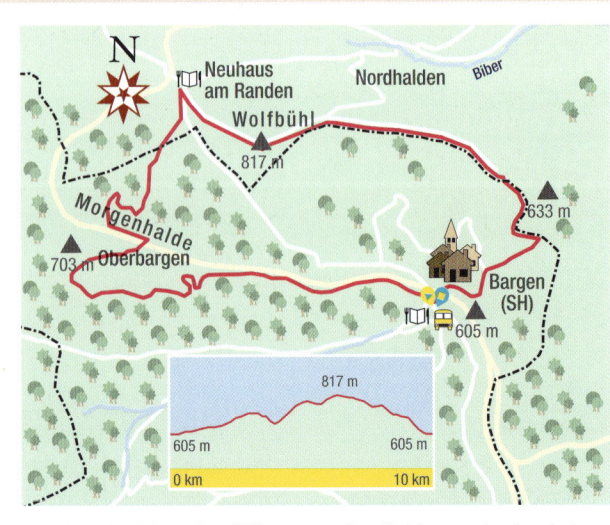

Karl A. habe ich mal zufällig am Schluss einer Wanderung im Kanton Schaffhausen angetroffen, und wir kamen ins Gespräch über seine Hobbys und seine Leidenschaft fürs Wandern. Er ist Pensionär, genau wie ich, und er wohnt in Neuhausen am Rheinfall. Wir vereinbarten, eine gemeinsame Wanderung zu unternehmen. Er kennt die ganze Gegend um Schaffhausen wie seine Hosentasche. Er schickte mir einige Tage später bereits einen Wandervorschlag, um die «Frauenschüeli» im Tannbüel zu besuchen und der Grenze entlang zu wandern. Wir legten den Termin auf Ende Mai fest. Es ist nämlich zu beachten, dass die «Frauenschüeli» nur eine kurze Zeit blühen, nämlich ab der letzten Maiwoche bis ca. Ende Juni.

In Schaffhausen überspringen wir einen Bus und schlendern noch ein bisschen im Städtchen herum. In der berühmten Confiserie Rohr genehmigen wir unseren Startkaffee.

Von Bargen wandern wir zunächst Richtung Zoll und dann etwas später nach rechts bis Oberbargen. Wir wissen, dass es auf der ganzen Route keine, für uns so vertrauten gelben Wanderwegweiser gibt. Das macht

Fotos: Fritz und Verena Hegi

Bargen SH, Dorf (605 m) – Oberbargen (667 m) – Morgenhalde – Tannbüel (768 m) – Neuhaus am Randen D (768 m) – Wolfbühl (817 m) – Grenzweg – Bargen SH, Dorf (605 m)

aber nichts, weil man auch ohne diese den Weg nicht verfehlen kann. Eine Karte sollte man aber auf jeden Fall dabei haben. Direkt an der Landesgrenze befindet sich das botanische Kleinod Tannbüel. Ein 45 Hektaren grosses Schutzgebiet. Zehn Hektaren davon sind Wald und Wiese und werden nach naturschützerischen Gesichtspunkten bewirtschaftet. Das Tannbüel steht seit 1961 unter Naturschutz, seit 1979 liegt ein von der ETH Zürich erarbeitetes Schutzkonzept vor und bildet die Basis für alle Pflegemassnahmen. Neben dem Frauenschuh gibt es noch unzählige weitere Orchideenarten, die hier gedeihen. Roland hat Geburtstag und so stossen wir beim Grillplatz im Tannbüel auf seine Gesundheit und eine glückliche Zukunft an.
Auf deutschem Gebiet in Neuhaus speisen wir wunderbar. Nach dem Essen führt uns der Weg eine ganze Weile direkt an der Landesgrenze entlang. Wir sehen vulkanähnliche Hügel im Osten und den Randen im Süden (Richtung Schweiz). Weiter gehts über weite Felder und zum Schluss ziemlich steil bergab bis Bargen. Dort haben wir unseren Ausgangspunkt erreicht.

Charakteristik:
Angenehme Frühsommerwanderung zu einem national bekannten Orchideenstandort

101

ZÜRICH UND SCHAFFHAUSEN

Wanderzeit: 3 h
Länge: 8,6 km
Höhendifferenz: 370 m bergauf, 500 m bergab

Heisser Bachtel – Aufstieg bei 35°C

Anreise:
Ab Zürich via Rüti (S15/S26) oder ab Winterthur mit der S26 nach Gibswil
Jahreszeit:
April bis November
Wanderkarte:
1:50 000 Rapperswil 226T
Schwierigkeit:
mittelschwer
Startkaffee:
Restaurant Gibswilerstube, Tösstalstr. 466, 8498 Gibswil
(Ruhetag: MO)
Mittagessen:
Bachtel-Kulm, Bachtelstrasse, 8342 Wernetshausen (Ruhetag: DO)
Rückreise:
Ab Wald ZH mit der S26 nach Winterthur oder via Rüti mit S26/S15 nach Zürich
Weitere Infos:
www.gibswilerstube.ch
www.bachtel-kulm.ch

Sehr heisse 35 Grad sind für heute prognostiziert. Gestern Abend telefonierten wir noch miteinander, ob wir es trotzdem wagen sollten. Weil der Wanderweg aber grösstenteils im Wald verläuft, und dies vor allem in den steilen Partien, muten wir uns zu, dass wir das schaffen werden. Wir sollten Recht haben. Natürlich haben wir auch an ausreichend Flüssigkeit gedacht!
Nach dem obligaten Startkaffee in Gibswil, und mit einigen Litern Mineralwasser im Rucksack wandern wir zum Dorf hinaus, überqueren die Strasse und sind gleich darauf an einem wirklich kühlen Plätzchen im Wissengubel. Eine halbkreisförmige Arena aus Sandstein, etwa 15 Meter hoch, und mit einem kleinen Wasserfall erfreut das Auge. In einem solch romantischen Naherholungsort gibt es natürlich auch Ruhebänke. Rechts vom Wasserfall führt eine Treppe auf den oberen Rand der Sandsteinfluh. Wir treten zum Wald hinaus und erreichen über offenes Feld, leicht ansteigend bald die Häusergruppe Sennhof. Der Bachtelturm ist im Hintergrund bereits sichtbar. Mit regelmässigen Trinkhalten schaffen wir den Aufstieg ab hier problemlos und sind nach ca. dreiviertel Stunden am Fusse des Bachtelturms. Aus Wikipedia entnehme ich zur Aussichtswarte folgende Informationen: «Der erste Turm, der 1873 hier errichtet wurde, bestand aus Holz. Er wurde bereits 1890 durch einen Sturm zerstört. Drei Jahre später baute man

Fotos: Fritz Hegi

Gibswil, Bahnhof (757 m) – Wissengubel (778 m) – Blegi (855 m) – Hinter Sennenberg (904 m) – Pkt 973 m – Bachtel (1115 m) – Bachtelspalt (970 m) – Tänler (751 m) – Wald ZH (617 m)

einen neuen Stahlturm auf. Bis ins Jahr 1985 stand dieser auf dem Gipfel des Bachtels, bis er schliesslich demontiert, renoviert und auf dem Pfannenstiel wieder aufgebaut wurde. Der neue Bachtelturm wurde 1986 errichtet. Er ist 60 Meter hoch und besitzt eine Aussichtsplattform in 30 Meter Höhe.» Der Aufstieg zur Turmspitze lohnt sich auf jeden Fall. Man wird mit einer fantastischen Rundsicht belohnt.

Nach dem Mittagessen führt unser Weg stellenweise steil über Wurzeln zum Bachtelspalt. Man sagt, dieser sei 1939 oder 1943 bei einem Gewitter entstanden, wobei ein oben nur ein Meter dickes Stück Nagelfluh durch einen 50 Meter langen, bis zu acht Meter tiefen Riss abgetrennt wurde. Die Spalte ist für schlanke Personen seitwärts knapp begehbar.

Charakteristik:
Wanderung durch Feld und Wald zu einem schönen Aussichtspunkt

ZÜRICH UND SCHAFFHAUSEN

Wanderzeit: 3 h
Länge: 9,7 km
Höhendifferenz: 295 m bergauf, 295 m bergab

Wunderschöner Aussichtspunkt

Anreise:
Mit dem Bus nach Hausen am Albis, Türlersee
Jahreszeit:
April bis Oktober
Wanderkarte:
1:50 000 Zürich 225T
Schwierigkeit:
mittelschwer
Startkaffee:
Restaurant Erpel am Türlersee, 8915 Hausen am Albis, www.erpel.ch
(Ruhetage: MI und SO: Jan. bis Mai; Sept. bis Dez.; Jun, Juli, Aug)
Mittagessen:
Hotel Panorama Windegg (täglich geöffnet), Restaurant Albis (Ruhetage: Mo+Di)
Rückreise:
Bus ab Hausen a.A., Türlersee
Weitere Infos:
Broschüre «Aussichtstürme» der Zürcher Wanderwege;
www.wildnispark.ch
www.rossberghof.ch

mit vielen Symbolen. Wir wandern gegen das Strandbad und via die Häusergruppe «Vollenweid» erreichen wir die Kantonsstrasse. Dieser folgen wir etwa 200 m und zweigen dann links ab. Im Weiler Tüfenbach bestaunen wir ein schönes Riegelhaus. Nun geht es ein bisschen bergauf. Das letzte Stück vor der Schnabellücke

Einige Teilnehmer meines «Wandergrüpplis» waren noch nie am Türlersee. Höchste Zeit also, dass wir dieses Kleinod im Reppischtal besuchen und mit einer angenehmen Wanderung über den Albiskamm verbinden. Nach dem Startkaffee im Restaurant mit dem Namen Erpel, die männliche Ente, die man am See oft sieht, treffen wir auf einen originellen, privaten Wegweiser ist etwas steil und hat Treppenstufen – ist aber für jedermann gut zu bewältigen. Auf dem Kamm sind wir am Rand der «Kernzone des Wildparks Zürich», auch bekannt unter dem Namen

Fotos: Fritz Hegi

Türlen (657 m) – Vollenweid (650 m) – Tüfenbach (698 m) – Schnabellücken (800 m) – Hochwacht (877 m) – Albis (790 m) – Habersaat (666 m) – Türlen (657 m)

Sihlwald, Der Sihlwald ist ein Naturschutzgebiet von nationaler Bedeutung. 2009 hat der Forst vom Bundesamt für Umwelt das offizielle Label «Naturerlebnispark – Park von nationaler Bedeutung» erhalten.
Auf dem Albiskamm bis zum Albispass ist pures Wandervergnügen angesagt. Bis zum Aussichtsturm Hochwacht ist es nicht weit. Der Turm ist eine Holzkonstruktion und besitzt eine Höhe von insgesamt 33 Metern. Bis zur Aussichtsplattform (30 m) gibt es 152 Treppenstufen. Natürlich wollen wir die 360-Grad-Aussicht geniessen und nehmen den Aufstieg gerne in Kauf.
Am Fusse des Turms gibt es Ruhebänke und sogar eine Feuerstelle. Ideal also für einen Zwischenhalt nach der Rückkehr vom Turm.
Auf der Albispasshöhe haben wir die Wahl zwischen zwei Restaurants, um das Mittagessen einzunehmen. Ein Weiler auf dem Weg vom Albispass zurück zum See hat den Namen «Chnübrechi» und lässt uns etwas grübeln. Ob der Weg derart ruppig ist, dass man sich das Knie brechen könnte? Wir überstehen es heil!.
Unten am See könnte man noch den längeren Weg um den See nehmen, falls man noch «unterwandert» ist. Wir lassen es sein und nehmen den kürzeren Weg zurück zur Busstation in Türlen.

Charakteristik:
Rundwanderung vom idyllischen Türlersee im Reppischtal auf den Albiskamm

ZÜRICH UND SCHAFFHAUSEN

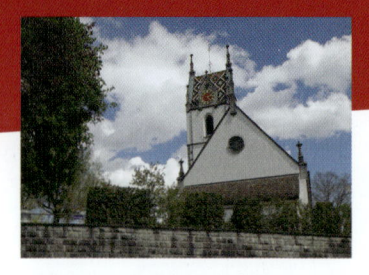

Wanderzeit: 3 h 30 min
Länge: 11,6 km
Höhendifferenz: 410 m bergauf, 400 m bergab

Vom Zürichsee zum lieblichen Greifensee

Anreise:
Mit der S-Bahn nach Erlenbach
Jahreszeit:
ganzjährig
Wanderkarte:
1:50 000 Rapperswil 226T
Schwierigkeit:
mittelschwer
Startkaffee:
Brändle Bäckerei-Konditorei, Seestrasse 69, 8703 Erlenbach

Mittagessen:
Gasthof Krone, Forch, 8127 Forch, www.kroneforch.ch
(Ruhetage: MO und DI)
Rückreise:
Ab Maur mit dem Schiff und Bus nach Uster und weiter mit der Bahn
Weitere Infos:
Flyer ZKB «Pässe – Zehn Wanderungen im Kanton Zürich»

Ich staune immer wieder wie schnell man im dichtbebauten Gebiet der Goldküste als Wanderer in die scheinbar unberührte Natur gelangt. So ist es auch in Erlenbach, wo wir bereits nach nach etwa 15 Minuten zu Fuss im Tobel des Dorfbachs sind. Wir steigen nun etwa 300 m bergauf. Links vorbei an der «Kittenmüli», kreuzen den Zürcher Panoramaweg, wandern Richtung Forch zum Dachsbergweg und erreichen im Wald den ersten hohen Punkt mit 685 m ü. M. Bevor wir den nächsten gleich hohen Punkt auf der Forch erreichen, haben wir die leichte Senke der Tobelmüli noch zu überwinden. Vor uns ist bereits das Dorf Forch zu erkennen. Ein paar Treppenstufen hinunter, durch einen kurzen Blechtunnel und wir sind wieder an einem Dorfbach. Bei der Tobelmüli halten wir rechts und wandern immer schön dem Bach folgend bis Wangen. Über offenes Feld erreichen wir die ersten Häuser von Forch. Über den Kronenweg finden wir den Gasthof Krone für unseren Mittagshalt. Auf der Speisekarte sind «Kutteln nach Zürcherart» aufgeführt. Das spricht

Fotos: Fritz Hegi

Erlenbach (412 m) – Punkt 686 m –
Tobelmüli (595 m) – Forch (689 m)
– Aesch (627 m) – Maur
Schiffsstation (438 m)

uns sofort an, wir bestellen und geniessen diese Spezialität sehr gerne.

Als ich während der Schulzeit, vor langer Zeit, Briefmarken sammelte, galt ein Sujet dem Wehrmänner-Denkmal auf der Forch, was mich damals sehr beeindruckte und ich mir vornahm dieses einmal zu besuchen. Erst heute ist mir dies gelungen. Für den Abstecher vom Dorf zum Denkmal und wieder zurück benötigen wir nicht mehr als eine Viertelstunde. Das Denkmal wurde 1922 zur Erinnerung an die vielen Wehrmänner, welche als Folge der spanischen Grippe während des Ersten Weltkrieges gestorben sind, errichtet.

Wir sehen nun, rechts unten bereits den Greifensee, wo sich unser Ziel befindet. In Maur könnten wir bereits im Dorf den Bus nach Zürich nehmen. Wir ziehen aber die etwas kompliziertere, aber attraktivere Variante vor, indem wir mit dem kleinen Fährschiff vom Hafen in Maur nach Greifensee übersetzen und weiter mit dem Bus nach Uster fahren um von dort Zürich mit der S-Bahn zu erreichen.

Charakteristik:
Angenehme Wanderung durch Tobel, Wälder und Wiesen

OSTSCHWEIZ

to: Fritz Hegi – Kartographie: Edition Lan AG

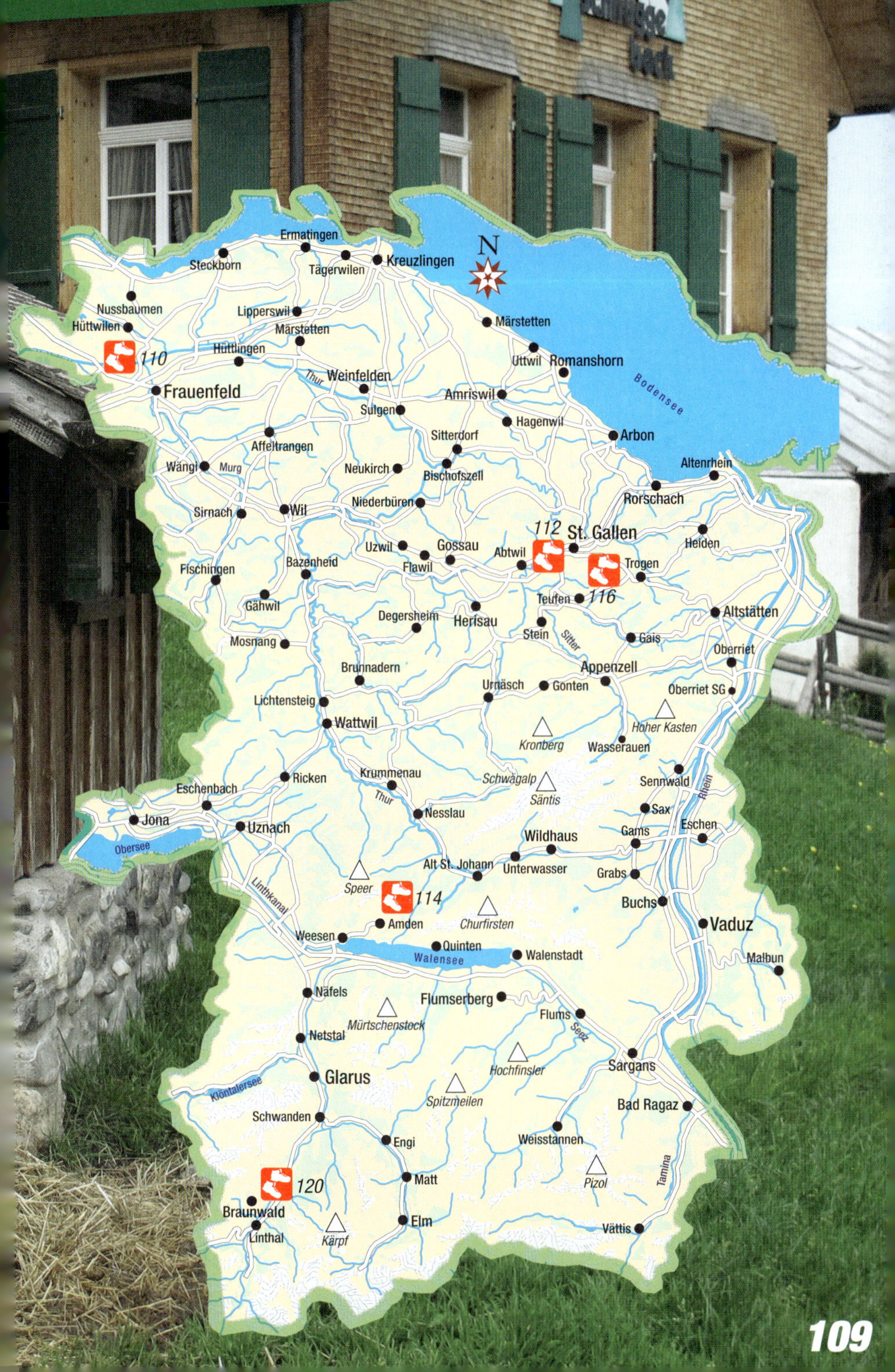

OSTSCHWEIZ

Wanderzeit: 4 h
Länge: 16 km
Höhendifferenz: 60 m bergauf, 65 m bergab

Der unendlich lange Damm

Anreise:
Ab Zürich oder Winterthur nach Andelfingen mit der S16 oder S33
Jahreszeit:
ganzjährig
Wanderkarte:
1:50 000 Frauenfeld 216T
Schwierigkeit:
sehr leicht (aber lang)
Startkaffee:
Hotel Restaurant Löwen, Landstrasse 38, 8450 Andelfingen (Ruhetag: MI)

Mittagessen:
Schürlibeiz Asperhof, Albert und Cony Mohni, 8478 Thalheim a.d.Thur (Öffnungszeiten: 1.Mai–30.Sep. DI–SO 9.00 bis 22.00 Uhr, Ruhetag MO; 1.Okt. bis 30. Apr. MI–SO 9.00 bis 22-00 Uhr, Ruhetag MO+DI)
Rückreise:
Ab Uesslingen, Zollhausweg, mit dem Bus nach Frauenfeld
Weitere Infos:
www.loewen-andelfingen.ch
www.asperhof.ch

Hansruedi spricht noch heute, nach gut zwei Jahren, von den Leiden auf dem unendlich langen Damm der Thur. Die Stimmung war damals eine Mischung zwischen Begeisterung und einem bisschen «Täubi», weil die Wanderung eigentlich viel kürzer hätte sein sollen. Der Wind mit einer Stärke von mindestens. 6–7 Beaufort blies uns direkt ins Gesicht. Der Dammweg und die Thur liefen am Horizont zu einem einzigen winzigen Punkt zusammen.

Dass wir überhaupt so lange auf dem Damm wanderten kam so: Bei der Schürlibeiz, nachdem wir eine originale Bratwurst mit Kartoffelsalat gegessen und ein oder zwei Gläser Wein getrunken haben, schaue ich auf meinem iPhone, wann der nächste Bus in Thalheim abfährt. Resultat: Es gibt keine Busse!! Grund: Es ist Auffahrt und an Sonn- und Feiertagen fahren keine. Bei der Planung hatte ich nicht beachtet, dass der Donnerstag, wo ich meistens unterwegs bin, eben ein Feiertag ist. Wir beschliessen also bis Uesslingen zu wandern, was sich dann als kleines Abenteuer herausstellt und 1,5 Stunden länger als geplant dau-

Fotos: Fritz und Verena Hegi

Andelfingen (399 m) – Eisenbahnbrücke (363 m) – Thurhof (369 m) – Asperhof (375 m) – bei Pkt 379 m links über Brücke – auf der rechten Thurseite nach Uesslingen (389 m)

ert. Aber: Von solchen Erlebnissen spricht man auch noch nach Jahren.

Wir starten in Andelfingen. In der Nordostschweiz, insbesondere im Kanton Thurgau und der Region Zürcher Weinland, sind über 90 Prozent der älteren Bauernhäuser Riegelbauten. Auch hier in Andelfingen entdecken wir einige sehr schöne Bauwerke.

Es gibt eine wunderschöne, alte gedeckte Holzbrücke, die wir aber nicht überqueren, da wir linksufrig wandern. Man kann sich gar nicht vorstellen, dass dieses friedliche Wasser der Thur auch mal ganz wild daherkommen kann. Wie zum Beispiel im Frühsommer 2013, wo alles überschwemmt wurde. Wir spazieren unter der langen Eisenbahnbrücke bei Ossingen hindurch. Man kann den Viadukt auch als Fussgänger überqueren. Der Wanderweg zum Husemersee führt dort durch. Wir wandern weiter, alles schön dem Ufer entlang, und erreichen die Schürlibeiz. Fortsetzung siehe oben. In Uesslingen haben wir uns nach dem Marsch gegen den Wind redlich ein Bier verdient.

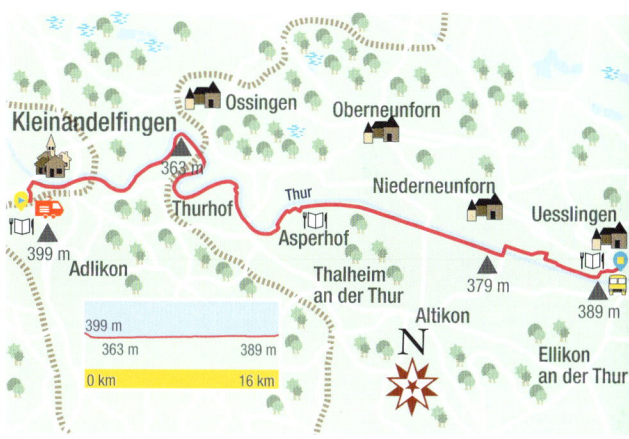

Charakteristik:
Flussuferwanderung ohne Steigungen

OSTSCHWEIZ

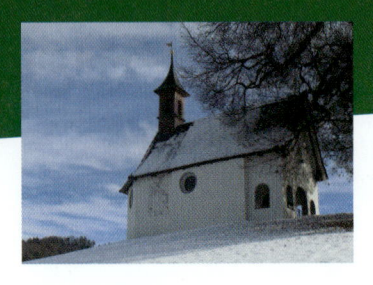

Wanderzeit: 2 h 40 min (mit Zweibruggen 3 h 10)
Länge: 7,7 km
Höhendifferenz: 130 m bergauf, 230 m bergab

Auf dem St. Galler Brückenweg

Anreise:
Von St. Gallen HB mit der S-Bahn oder mit dem Bus nach St. Gallen, Haggen
Jahreszeit:
ganzjährig
Wanderkarte:
1:50 000 Appenzell 227T und Arbon 217T
Schwierigkeit:
leicht
Startkaffee:
Restaurant Schlössli Haggen, Haggenstrasse 94, 9014 St. Gallen (Ruhetage: MO+DI)
Mittagessen:
Restaurant Spisegg, St.Gallerstrasse 128, 9030 Abtwil (SG) (Ruhetag: MO)
Rückreise:
Ab Engelburg, Abzweigung Spisegg, mit dem Bus nach St. Gallen, Hauptbahnhof
Weitere Infos:
www.oschte.ch

18 Brücken auf knapp acht Kilometern, das konnte ich fast nicht glauben, als ich mit der App «Oschte» auf dem iPhone den Wandervorschlag des St. Galler Brückenwegs entdeckte. Allerdings, wenn ich die Karte anschaue, sind es doch die drei Wasser der Bäche Sitter, Urnäsch und Wattbach, die sich auf engstem Raum durch verschiedene Schleifen winden und überbrückt werden müssen. Bei der Anzahl Brücken muss man gerechterweise noch anmerken, dass auch die mitgezählt werden, welche von Bahn und Auto benützt werden und nicht nur die, welche wir als Wanderer überqueren.

Die eigentliche Wanderung beginnt beim Haggen-Schlössli, welches 1642–1644 als barocker Landsitz für Johann Boppart erbaut wurde. Das Schlössli Haggen ist heute ein öffentliches Restaurant im Besitz der Stadt St.Gallen. Für uns der ideale Platz für das Startkaffee. Links oben vom Schlössli steht die Frühbarockkapelle St. Wolfgang Vor der ersten Brücke entscheiden wir uns diese direkt zu überqueren, obwohl der Brücken-Wanderweg uns den Weg hinunter nach Zweibruggen vorschlägt. Das nächste Mal würde ich diesen Abstecher allerdings machen, weil dort unten noch zwei weitere Brücken sind, auf denen zuerst der Wattbach und dann die Sitter überquert werden. Heute ziehen wir aus Rücksicht auf

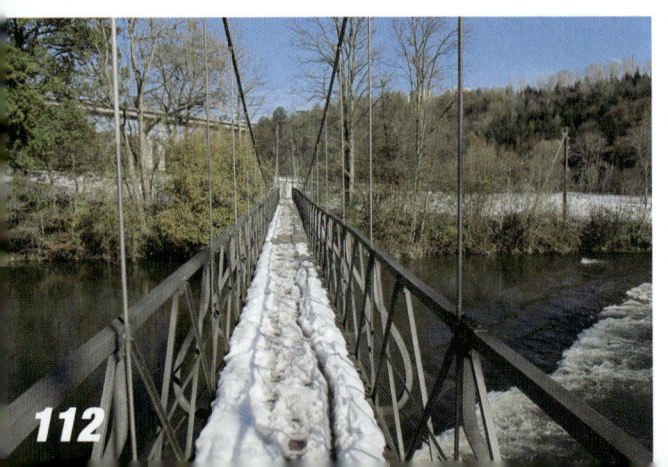

Fotos: Fritz Hegi

St.Gallen, Haggen (677 m) – Schlössli Haggen (682 m) – Blatten (684 m) – Kubel (597 m) – Sittertal (585 m) – Rechen (573 m) – Spisegg (570 m)

die Wegverhältnisse im November den kürzeren Weg über den 355 Meter langen und 98,6 Meter hohen Viadukt – und geniessen den tollen Tiefblick. Bei Törgel geht es auf der Güterstrasse weiter nach Weitenau und anschliessend steigen wir ab zum Kubel.
Dort steht links die Holzbrücke über die Urnäsch mit Datum 1780, welche wir nicht überqueren, sondern gleich die nächste über die Sitter. Sie wird durch die Anwohner trotz des stolzen Alters von 200 Jahren noch für Fahrzeuge bis vier Tonnen genutzt. Der Sitterviadukt, unter dem wir nun durchgehen, gilt als die höchste normalspurige Bahnbrücke Europas in Stein-/Stahlkonstruktion. Auf dem weiteren Weg sehen wir nun noch verschiedene Eisenbahn-, Strassen-, Werk- und Abwasserbrücken. Fast am Schluss treffen wir auf einen der beliebtesten Übergänge im Sittertobel: den Hängesteg im Rechen, im Volksmund auch «Ganggelibrogg» genannt. In der Spisegg schliessen wir unsere schöne Wanderung mit einem guten Essen ab.

Charakteristik:
Wanderung mit leichtem Auf und Ab entlang von fliessenden Gewässern

113

OSTSCHWEIZ

Wanderzeit: 2 h 45 min
Länge: 8,4 km
Höhendifferenz: 280 m bergauf, 300 m bergab

Wandervergnügen auf einem 5-Sterne-Weg

Anreise:
Ab Bahnhof Ziegelbrücke mit dem Bus nach Amden, Post. Kurzer Fussmarsch zur Talstation der Sesselbahn Mattstock und ca. zehnminütige Fahrt in offenen Zweiersesseln zur Bergstation.
Jahreszeit:
Mai bis Oktober
Wanderkarte:
1:50 000 Walenstadt 237T und Heidiland Nr. 33
Schwierigkeit:
mittelschwer

Startkaffee:
Restaurant Café-Bäckerei Post, Dorfstrasse 18, 8873 Amden
Mittagessen:
Skiclubhütte Altschen auf 1388 m ü. M. Hüttenwart: Thomas Thoma, Obdorfstrasse 5, 8873 Amden (während den Sommerschulferien geöffnet, sonst nur übers Wochenende)
Rückreise:
Ab Arvenbüel, Amden, mit dem Bus zum Bahnhof Ziegelbrücke
Weitere Infos:
www.amden.ch

Der markante, freistehende Berg vis-à-vis von Amden heisst Mürtschenstock und liegt auf der andern Seite des Walensees. Dieser war mir bis jetzt nur bekannt von einem herrlichen Stück des Cabaret Rotstift über Dialoge zwischen Schweizern und einem Deutschen beim Anstehen an einem Skilift. In das Wandergebiet von Amden wollte ich schon lange mal. Auf der Homepage von Amden ist die Route, welche ich hier vorschlage, ebenfalls zu finden – allerdings wird sie in der umgekehrten Richtung beschrieben.

Die ersten 400 Meter Höhendifferenz überwinden wir mit der offenen Mattstockbahn, einem Zweiersessellift. Die Bezeichnung der Bergstation ist für mich etwas verwirrend. Ich habe noch nicht begriffen, wie diese richtig heisst. Es gibt zwei Bezeichnungen, nämlich Wallau und Niederschlag,

Bei der Bergstation, eigentlich vollständig unwichtig wie sie auch heissen mag, bewundern wir das wunderschöne Panorama Richtung Süden und Westen. Wir folgen der breiten Naturstrasse und kommen bald an drei kleinen Wirtschaften vorbei. Bei der Abzweigung Vorderhöhi zweigt der Wanderweg links zum Speer ab. Diesen nehmen wir heute nicht – es ist ein Ziel, das ich mir für später einmal vornehme. Heute wandern wir am Turbenschopf vorbei und kommen in ein Naturschutzgebiet. Aus dem Namen der Hütte schliesse ich, dass es etwas mit Torf und Hochmoor zu tun hat. Es ist tatsächlich auch so, dass es sich beim Schutzgebiet in der Hintere Höhi um ein be-

Fotos: Fritz Hegi, Fred Deutschle

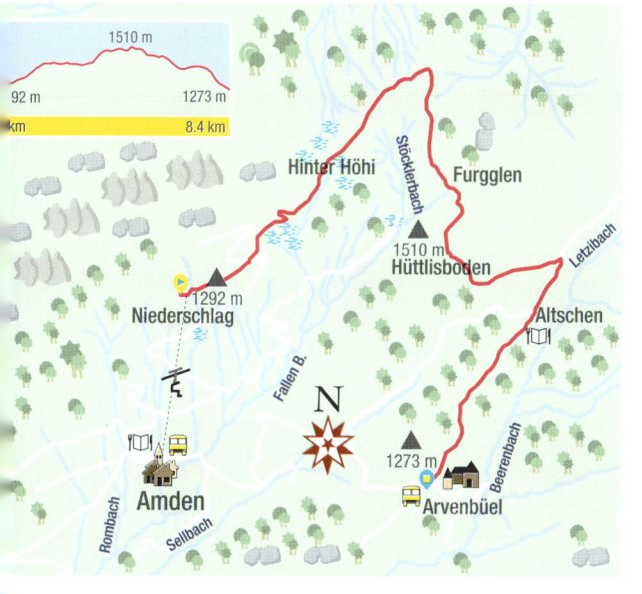

Amden, Niederschlag (1292 m) –
Hinter Höhi (1416 m) – Pkt 1406 m
– Furgglen (1495 m) – Hüttlisboden
(1510 m) – Altschen (1388 m) –
Arvenbüel, Amden (1273 m)

deutendes Moorgebiet handelt, wie ich aus der Homepage entnehme: «Es ist eine sumpfige, mit Legföhren überwachsene Naturlandschaft von nationaler Bedeutung. Auf diesem nassen, sauren und kargen Boden gedeihen nur Überlebenskünstler, wie etwa der insektenfressende Sonnentau, das Wollgras oder die unscheinbare Segge. Im etwas trockeneren Randgebiet, der sogenannten Heide, setzen sich Heidelbeeren und Alpenrosen durch.» Kurz vor dem höchsten Punkt beim Hüttlisboden gibt es eine schöne Feuerstelle. Wir lassen es uns nicht nehmen und geniessen den Apéro, bevor wir in der Alpwirtschaft Altschen einkehren. Der Weg ist reinstes Wandervergnügen und verdient ohne zu zögern fünf Sterne.

Charakteristik:
Schöne Wanderung auf der Sonnenterrasse von Amden mit angenehmen Auf- und Abstiegen

OSTSCHWEIZ

Wanderzeit: 3 h
Länge: 7,8 km
Höhendifferenz: 200 m bergauf, 300 m bergab

Genussvoller Höhenweg über sieben Eggen

Anreise:
Von St. Gallen mit der Appenzellerbahn nach Speicher
Jahreszeit:
Frühling bis Herbst
Wanderkarte:
1:50 000 Appenzell 227T
Schwierigkeit:
mittelschwer
Startkaffee:
Gasthaus Krone Speicher, E. Egli, Hauptstrasse 34, 9042 Speicher (Ruhetag: MO),

Öffnungszeiten: 9.30 bis 14.00 Uhr und ab 17.00 Uhr
Mittagessen:
Restaurant Anker, 9053 Teufen
Offen: DI–SA, 11.00–14.00 Uhr und 17.00–23.30 Uhr
Rückreise:
Von Teufen mit der Appenzellerbahn nach St. Gallen
Weitere Infos:
www.appenzell.ch
www.appenzellerbahnen.ch

«Appenzell liegt wie ein Spiegelei im Kanton St. Gallen», sagt uns die Wirtin des Gasthofs Krone in Speicher, wo wir das Startkaffe mit Gipfeli geniessen. Mit etwas Fantasie könnte man sich Appenzell als das «Gelbe» und St. Galler als das «Weisse» vom nicht ganz perfekten Spiegelei vorstellen. Wir sind also quasi auf dem «Gelben Teil». Der Gasthof Krone ist eine 480-jährige Herberge und seit Generationen im Familienbesitz. Die Wanderung beginnt mit einem kleinen Aufstieg, nachdem wir die kurze Asphaltstrecke durch Speicher hinter uns gelassen haben. Wir erreichen die Vögelinsegg. Robert, ein Geschichtskenner in meiner Wandergruppe, erklärt uns, dass hier in der Nähe vor mehr als 600 Jahren eine kriegerische Auseinandersetzung zwischen den Appenzellern und der Fürstabtei St. Gallen während den Appenzellerkriegen stattfand. Die Appenzeller gingen, trotz zehnfacher Unterlegenheit, mit einer List als Sieger hervor. Wandern werden wir von hier aus bis fast nach Teufen auf Naturstrassen oder schmalen Wegen. Auch die grössten Steigungen liegen hinter uns. Wir folgen dem Wegweiser «Eggen-Höhenweg» und können diesen unmöglich verfehlen. Die Landschaft ist lieblich und wir sind gut gelaunt. Auch

Fotos: Fritz und Verera Hegi

Speicher (925 m) – Vögelinsegg (985 m) – Waldegg (986 m) – Kunzenegg (1000 m) – Hüslersegg (1030 m) – Egg (965 m) – Schäflisegg (965 m) – Fröhlichsegg (998 m) – Teufen (833 m)

Blumen gibts in allen möglichen Farben, das Wetter spielt einigermassen mit. Die Sicht Richtung Norden ist etwas eingeschränkt, weil noch Nebel über dem Bodensee liegt. Etwas weiter, sobald wir zum Wald hinauskommen, öffnet sich der Blick ins Alpsteingebirge. Der Säntis als markantester Berg ist gut erkennbar – ebenso der Hohe Kasten mit seinen Antennen. Vor uns sehen wir die Hundwilerhöhe und links dahinter den Kronberg. Bei Waldegg, unserer zweiten Egg, befindet sich ein Restaurant, ein grosser Kinderspielplatz, ein Kleinzoo sowie ein Heilkräutergarten von Dr. Vogel. Ab Waldegg bis zu den nächsten Eggen ist zu Ehren von diesem grossen Naturdoktor ein Themenweg angelegt worden. Beim Moosbänkli (zwischen zwei grossen Bäumen) geniessen wir unseren Apéro. Auf der Fröhlichsegg, der letzten unserer Eggen, gibt es einen schönen Picknickplatz.
In Teufen essen wir später im Restaurant Anker eine ausgezeichnete Siedwurst mit Apfelmus.

Charakteristik:
Höhenwanderung mit geringen Höhenunterschieden und prachtollen Ausblicken ins Alpsteingebirge.

117

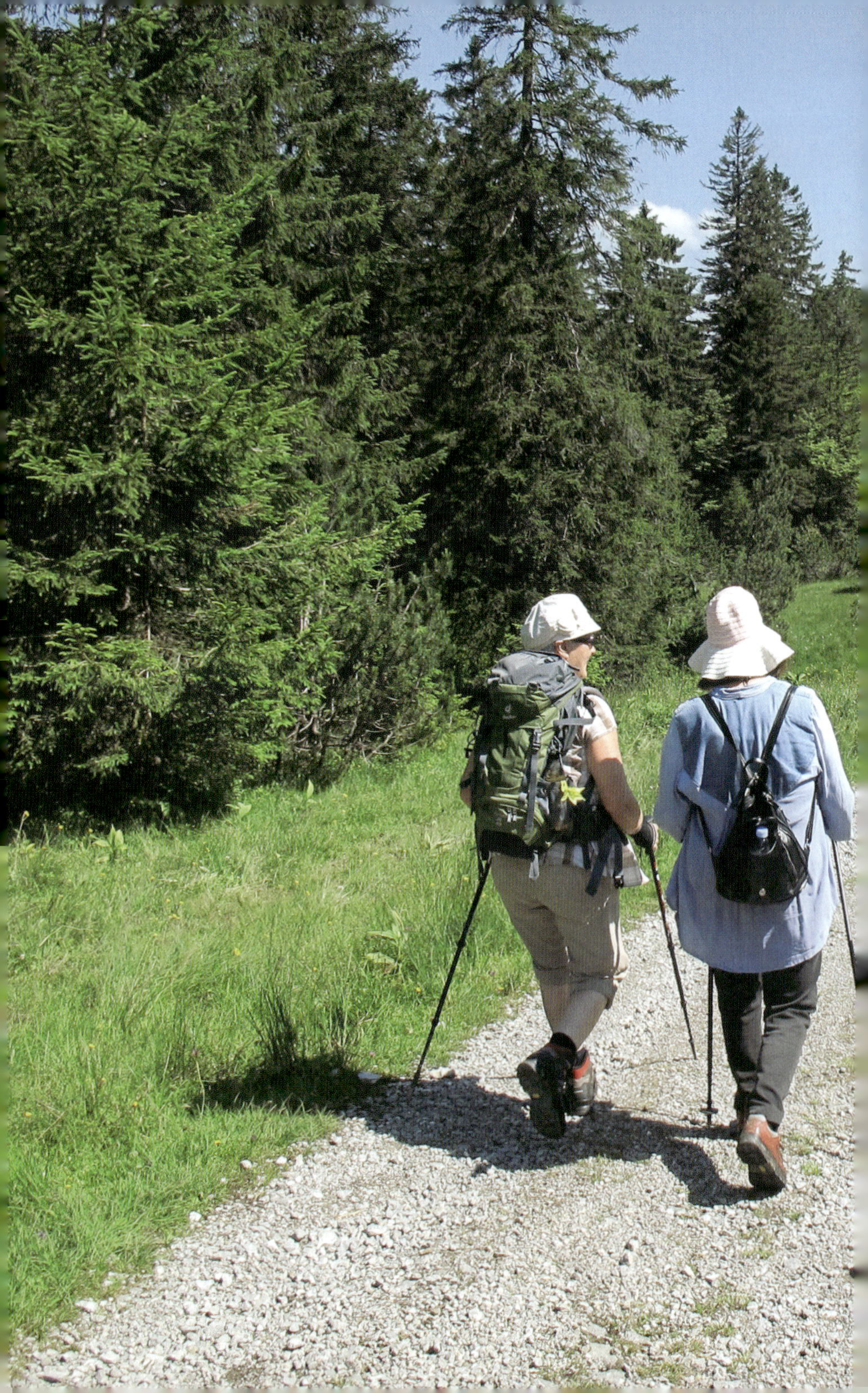

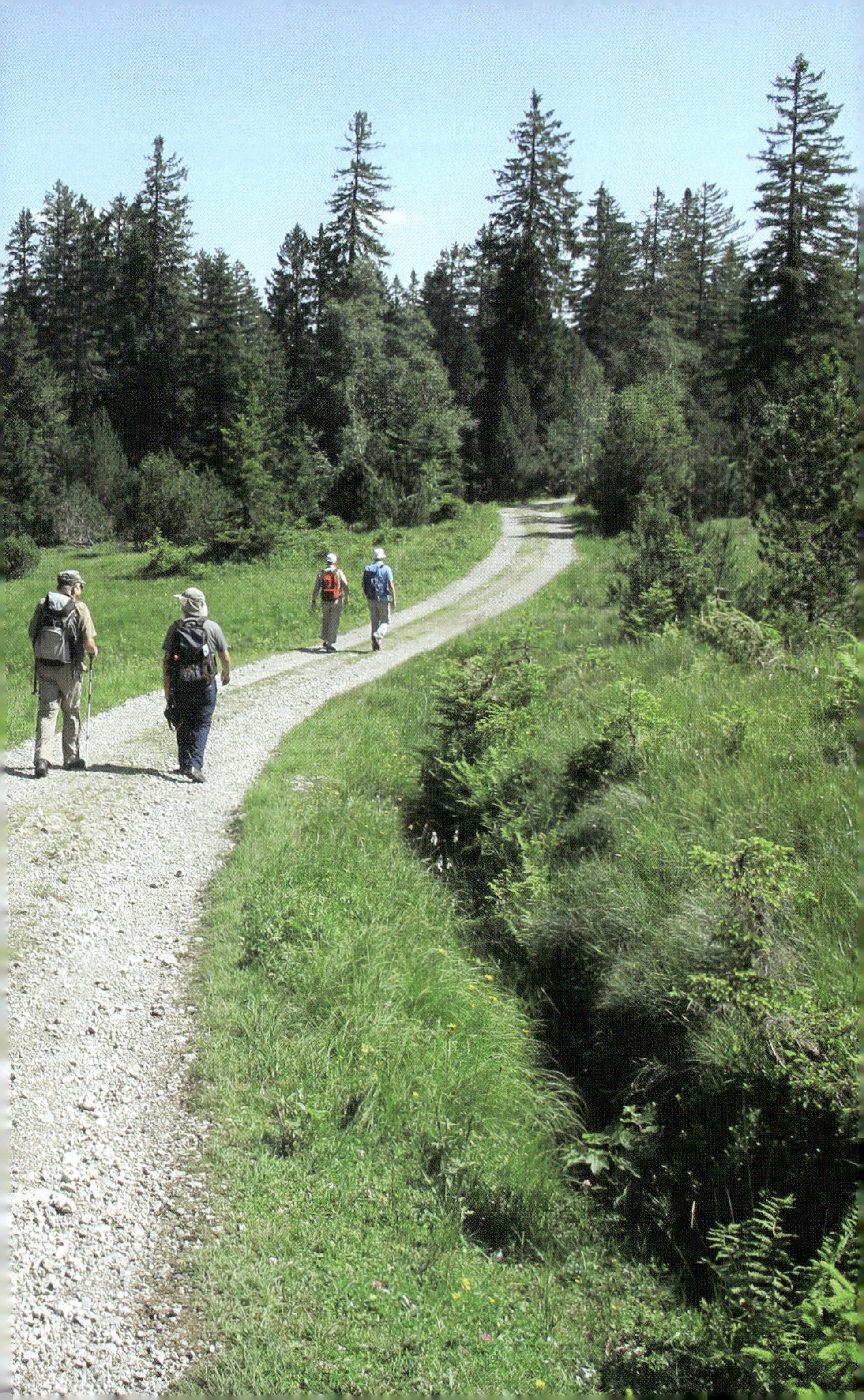

OSTSCHWEIZ

Wanderzeit: 3 h 10 min
Länge: 8,5 km
Höhendifferenz: 420 m bergauf, 420 m bergab

Schabzigerspätzli und eine Schlittenfahrt

Anreise:
Von Linthal mit der Standseilbahn nach Braunwald, kurzer Fussmarsch (15 min) zur Talstation der Kabinenbahn nach Grotzenbühl
Jahreszeit:
Im Winter, wenn die Eisgalerie begehbar ist (auch als Sommerwanderung empfehlenswert)
Wanderkarte:
1:50 000 Klausenpass 246T
Schwierigkeit:
anspruchsvoll

Startkaffee:
In Braunwald oder in der Bergstation Grotzenbühl
Mittagessen:
Bergrestaurant Chämistube, Bergrestaurant Seblengrat, Berggasthaus Gumen
Rückreise:
Ab Grotzenbühl mit der Seilbahn nach Braunwald oder Talfahrt mit dem Schlitten
Weitere Infos:
www.braunwald.ch

Vorgesehen haben wir für heute den ganzen Panorama-Höhenweg ab Grotzenbühl über Seblen, durch die Eisgalerie und über Gumen wieder zurück ins Grotzenbühl zu wandern. Diese Wanderung wäre knappe dreieinhalb Stunden. Auf der Homepage von Braunwald erfahren wir aber, dass die Eisgalerie geschlossen ist. Also beschliessen wir notgedrungen, nur die Kurzvariante bis Seblen zu unternehmen. Das Resultat kann sich aber durchaus auch sehen lassen. In Seblen erhalten wir nach knapp zwei Stunden den Eindruck, eine richtige Winterwanderung bewältigt zu haben. Der Schnee ist ziemlich hoch, und wir machen vielfach zwei Tritte nach vorn und wieder einen rückwärts. Zuerst geht es mit der Seilbahn auf das Grotzenbühl. In der Wirtschaft unterhalten wir uns mit dem Besitzer des Restaurants und er erklärt uns voller Begeisterung alle ringsum liegenden Berge. Die Aussicht ist einfach überwältigend. Er ist ein passionierter Berggänger und Jäger. Der Winterwanderweg ab Grotzenbühl ist

Fotos: Fritz Hegi, Fred Deutschle

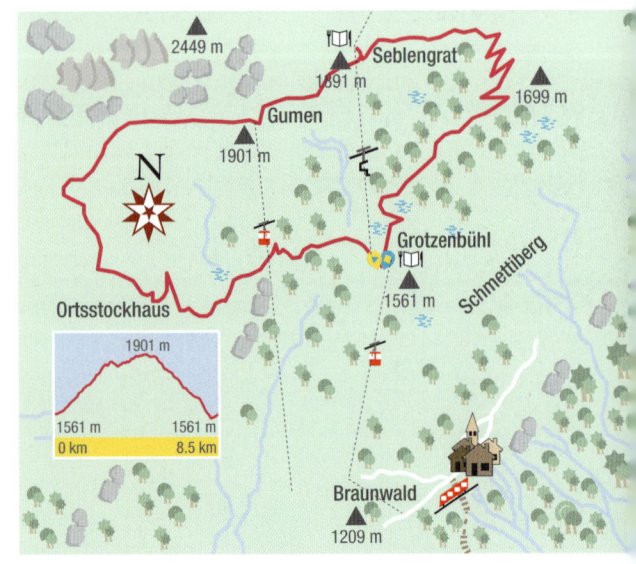

120

Grotzenbühl (1561 m) – Pkt 1699 m – Pkt 1751 m – Seblengrat (1891 m) – Gumen (1901 m) – Ortsstockhaus (1772 m) – Grotzenbühl (1561 m)

sehr gut mit den pinkfarbigen Winterwegweisern signalisiert. Es geht ziemlich lange leicht ansteigend durch den Wald, später wird die breite Strasse zum schmalen Pfad – vor allem dort, wo es zwischen den Lawinenverbauungen hindurchgeht.

Trutzig und dominant ragen die Eggstöcke in den blauen Himmel. Sie sind direkt vor uns, nachdem wir den Aufstieg geschafft und den höchsten Punkt erreicht haben. Wir gönnen uns einen Trinkhalt und geniessen die herrliche Rundsicht. Rechts unten liegt der zugefrorene Oberblegisee. Bis zum Bergrestaurant Seblen ist es von hier aus nicht mehr weit; es geht zuerst etwas abwärts, später noch ein kleines Stück aufwärts. Wir geniessen die Schabzigerspätzli, eine Glarner Spezialität.

Den gleichen Weg zurück möchten wir nicht nehmen, und so lassen wir uns mit dem Sessellift nach Grotzenbühl bringen. Fred und ich können es dort nicht lassen und so sausen wir mit dem Schlitten nach Braunwald hinunter.

Charakteristik:
Winterwanderung mit mässigem Anstieg und flotter Schlittenfahrt am Schluss

GRAUBÜNDEN

123

GRAUBÜNDEN

Wanderzeit: 3 h
Länge: 9,5 km
Höhendifferenz: 150 m bergauf, 170 m bergab

Jürg Jenatsch in der Bündner Herrschaft

Anreise:
Mit der Bahn nach Landquart
Jahreszeit:
ganzjährig
Wanderkarte:
1:50 000 Heidiland Nr. 33
Schwierigkeit:
leicht
Startkaffee:
Restaurant Rheinfels, Bahnhofstrasse 12, 7302 Landquart
Mittagessen:
Gasthof zur Bündte, Jeninserstr. 6, 7307 Jenins
Rückreise:
Ab Maienfeld mit der Bahn nach Sargans (Richtung Ziegelbrücke), oder mit dem Bus nach Bad Ragaz
Weitere Infos:
www.heidiland.com
www.pelizzati-weine.ch

Es ist ein wunderschöner und kalter Wintermorgen, als wir in Landquart aus dem Zug steigen. Unser Startkaffee nehmen wir diesmal in einer sogenannten «Chnellebeiz». Es gibt zwar als Alibi einen abgetrennten Raum für Raucher, im Nichtraucherteil stinkt es aber so fürchterlich nach Rauch, dass man die Trennwand auch hätte weglassen können. Niemand stört sich offenbar daran, und wir fühlen uns auch wohl in diesem urigen Restaurant. Beim Bahnhofplatz folgen wir dem Wegweiser Richtung Malans. Das scheint zunächst sehr einfach zu sein, ist es aber nicht, weil man etwas weiter vorne gut schauen muss, dass man den Weg nicht verfehlt. Wir haben es auf jeden Fall fertig gebracht, dass uns genau das passiert ist. Nach einem kleinen Umweg kommen wir aber doch noch beim legendären «Socken Hitsch» vorbei, der bei der Eisenbahnbrücke seine Socken anbietet. Es geht nun über ein weites und schneebedecktes Feld. Malans ist schon im Hintergrund gut sichtbar. Wir können den Weg also nicht mehr verfehlen. Zur Rohanschanze, welche vor etwa 400 Jahren eine Rolle spielte, lese ich in der Weltwoche 49/2006 einen interessanten Artikel von Thomas Widmer. Im europaweiten Dreissigjährigen Krieg (1618–1648) kämpfen die Katholiken gegen die Protestanten, aber auch die Habsburger gegen

Fotos: Fritz Hegi

124

Landquart (525 m) – Malans (568 m)
– Jenins (635 m) – Unter Rofels
(617 m) – Maienfeld (504 m)

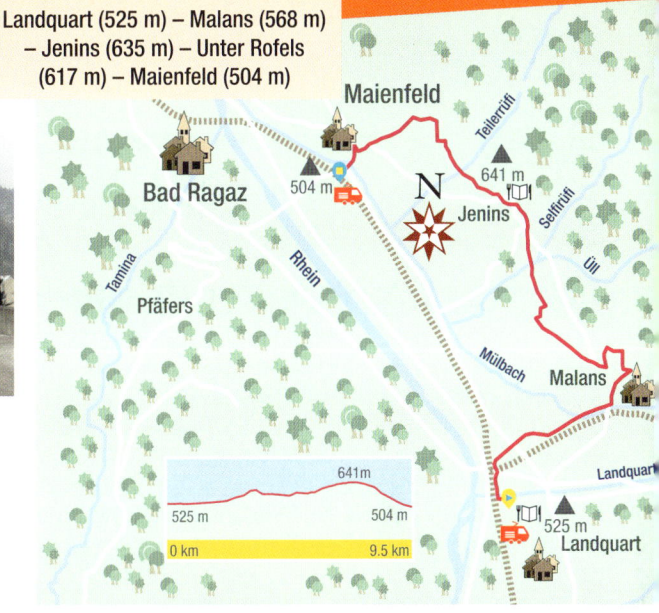

Frankreich und seine Verbündeten. Die Drei Bünde (Graubünden) und ihr Untertanengebiet Veltlin wurden als Durchgangsort wichtig: Die österreichischen und die von Mailand aus operierenden spanischen Habsburger waren auf den Transit angewiesen, um koordiniert zu agieren. Um dies zu vereiteln, rückte der französische Herzog von Rohan samt seinem Korps an. Mit dem Bündner Protestantenführer Georg (Jürg) Jenatsch jagte er die Habsburger aus dem Land. Als die Franzosen dann aber das Veltlin nicht freigaben, wendete sich Jenatsch abrupt gegen Rohan, der in seiner vom Kriegsingenieur Johannes Ardüser erbauten Landquarter Schanze – nah den zwei einzigen Brücken der Gegend (über den Rhein und die Landquart) – den Nord-Süd-Verkehr völlig kontrollierte. Im März 1637 marschierten die Bündner zu 3000 Mann auf. Der überrumpelte Rohan, der nur 1000 Mann hatte, musste abziehen. Die Schanze wurde später geschleift.
In Jenins sind wir bei Anatina Pelizzati, der einzigen Weinbäuerin in der Bündner Herrschaft, zu einer Weindegustation angemeldet. Weiter gehts durch Weinberge nach Maienfeld.

Charakteristik:
Angenehme Wanderung durch Rebberge mit geringen Steigungen

125

GRAUBÜNDEN

Wanderzeit: 3 h
Länge: 8,9 km
Höhendifferenz: 200 m bergauf, 500 m bergab

UNESCO Weltkulturerbe Albulabahn

Anreise:
Ab Chur mit der RhB bis nach Bergün
Jahreszeit:
Mai bis Oktober
Wanderkarte:
1:50 000 Bergün/Bravuogn 258T
Schwierigkeit:
mittelschwer

Startkaffee:
Hotel Weisses Kreuz, 7482 Bergün
Mittagessen:
Picknick mitnehmen, es gibt kein Restaurant mehr unterwegs.
Rückreise:
Ab Filisur mit der RhB nach Chur
Weitere Infos:
www.rhb.ch
www.berguen-filisur.ch

Folgende Gegensätze fallen mir zu dieser Wanderung ein: unberührte wilde Natur gegenüber grandioser Technik und Ingenieurskunst – die kleine Welt verbindet sich mit der weiten Welt. Von Bern aus ist die Anreise etwas lang, so dass wir übernachten und deshalb zuerst nach Bergün fahren, im Hotel das Gepäck deponieren und nach einem kleinen Mittagessen gleich loslegen. Unsere Wanderung folgt dem Bahnerlebnisweg hinunter nach Filisur. Zuerst steigt die Naturstrasse allerdings etwas an. Der Bergünstein muss zuerst überwunden werden. Vom höchsten Punkt geniessen wir den ersten schönen Ausblick auf das Trassee der Rhätischen Bahn. Die Bahnstrecke durchs Albulatal gehört heute zum Weltkulturerbe der UNESCO und wurde vor mehr als 110 Jahren in einer Rekordzeit von nur sechs Jahren gebaut.
Der Wanderweg geht nun steil hinunter. Bei der Station Stugl-Stuls warten wir auf den nächsten vorbeifahrenden Zug, um Fotos schiessen zu können. Ausserdem gibt es die Möglichkeit, etwas zu trinken. Nach der Brücke entdecken wir einen wunderschönen Rastplatz mit Feuerstelle – für all diejenigen, welche Verpflegung

Fotos: Fritz Hegi

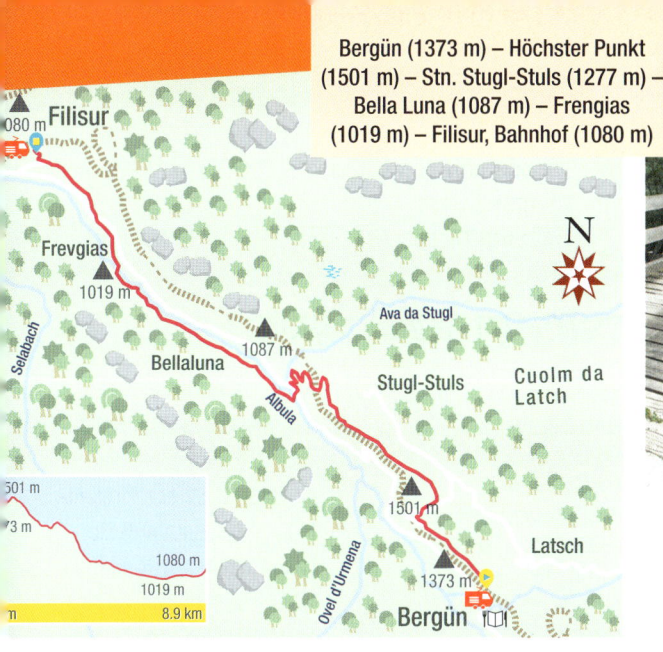

Bergün (1373 m) – Höchster Punkt (1501 m) – Stn. Stugl-Stuls (1277 m) – Bella Luna (1087 m) – Frengias (1019 m) – Filisur, Bahnhof (1080 m)

aus dem Rucksack bei sich haben. Von hier aus geht es ziemlich steil ca. 200 Höhenmeter über schmale Waldwege und Naturstrassen nach unten bis zum Albulafluss. Dann erblicken wir das «Bellaluna», eine Wirtschaft, die 2012 als historisches Restaurant des Jahres auserkoren wurde (seit 2014 geschlossen). Die Geschichte des Hauses ist eng mit der legendären Gestalt von Paula Roth verbunden. Sie war von 1965 bis 1988 die Wirtin und galt als Aussenseiterin. Im Dorf bezeichnete man sie sogar als Hexe. Auf einem grossen Felsbrocken neben dem Haus lesen wir die Aufschrift «27.5.80 1505». Wie uns die Serviertochter erklärt, donnerte am 27. Mai 1980 um 15.05 Uhr der Felsbrocken ins Tal, änderte die Richtung und kam kurz vor dem Haus zum Stillstand. Im Tal wurde daraufhin spekuliert, ob nicht die Kräfte der Hexe für dieses Phänomen verantwortlich waren? So kann es einem eben in einem kleinen Bergdorf ergehen, wenn man zum Aussenseiter wird. Paula Roth nahm ein schreckliches Ende, sie wurde 1988 ermordet.

Charakteristik:
Faszinierende Gegensätze von Natur und Technik

127

GRAUBÜNDEN

Wanderzeit: 2 h 35 min
Länge: 9,1 km
Höhendifferenz: 80 m bergauf, 470 m bergab

Ein Wandernachmittag im Münstertal

Anreise:
Mit Bahn nach Zernez und weiter mit Postauto bis Fuldera Cumün
Jahreszeit:
ganzjährig
Wanderkarte:
1:50 000 Nationalpark 459T
Schwierigkeit:
leicht
Startkaffee:
Hotel Landgasthof Staila, 7533 Fuldera, www.hotel-staila.ch
Mittagessen:
Café Fuschina, 7536 Sta. Maria Val Müstair
Rückreise:
Ab Müstair mit Postauto zurück über den Ofenpass nach Zernez
Weitere Infos:
www.muenstertal.ch
www.smallestwhiskybaronearth.com

Mit meinem Wandergrüppli verbrachte ich einige Tage im Münstertal. Von Fuldera aus unternahmen wir verschiedene Wanderungen in der Umgebung (beachten Sie auch die weiteren Touren in diesem Kapitel).
Die Wanderung von Fuldera nach Mustair eignete sich sehr gut als Einstieg nach dem Mittagessen am Ankunftstag. Es ist eine leichte Wanderung bergab durch offene Felder und lichten Wald.
Bei der Kirche von Fuldera, die unter Denkmalschutz des Kantons Graubünden steht, starten wir. Über ein Wiesenfeld erreichen wir den Waldrand und sehen bald Zeichen eines Bärenthemenwegs. Es gibt hier schöne geschnitzte Holzskulpturen von Bären und viele Infotafeln. 2010/2011 streiften Bären durch das Münstertal. Angst verbreiteten sie bei der Bevölkerung aber nicht so sehr. Dank eines neuen Abfallreglements verhindert man, dass der Bär keine Nahrung bei den Siedlungen und Dörfern fand. Auch Bienenhäuser werden mit Elektrozäunen geschützt. Der letzte Bär M32 konnte allerdings trotzdem ein solches ausräumen, weil der Elektrozaun wegen Kälte und Eis offenbar nicht funktionierte. Der Bär wurde leider später im Engadin

Fotos: Fritz Hegi

Fuldera (1638 m) – Plazzaraun (1656 m) – Valchava (1412 m) – Sta. Maria Val Müstair (1375 m) – Müstair (1247 m)

durch einen Zug der Rätischen Bahn überfahren. Bis Valchava wandern wir über offenes Gelände. Im Dorf angekommen, bewundern wir neben typischen, wunderschönen Engadinerhäusern auch eigentümlich bemalte Fassaden. z. B. das Hotel Central, wo sich einige Schriften und Bilder fantasievoll symmetrisch spiegeln. Wir überqueren den Zusammenfluss von Aua da vau und Muranzina und gelangen nach Sta. Maria. Wie sich da der ganze Verkehr Richtung Südtirol durch die engen Gassen zwängen muss, ist fast unheimlich. An den Häusern entdeckt man auch einige Kratzer von Autos, dessen Fahrer die Distanzen falsch einschätzten. Im «Meier Beck» kehren wir selbstverständlich ein.

Kurz vor dem Ausgang des Dorfes finden wir die kleinste Whiskybar der Welt mit immerhin 263 Sorten Whisky aus aller Welt. Wieder über eine Ebene, leicht abwärts, erreichen wir Mustair. Hier ist unbedingt das Kloster San Gian zu besuchen, ein Weltkulturerbe. Wenn man genügend Zeit hat, lohnt sich eine geführte Tour.

Charakteristik:
Schöne Talwanderung im Val Mustair

GRAUBÜNDEN

Wanderzeit: 3 h 40 min
Länge: 10,7 km
Höhendifferenz: 240 m bergauf, 720 m bergab

Das kleine Paradies

Anreise:
Mit dem Postauto bis Ofenpass, Süsom Givè (Passhöhe)
Jahreszeit:
Mai bis Oktober
Wanderkarte:
1:50 000 Nationalpark 459T
Schwierigkeit:
anspruchsvoll, Trittsicherheit
Startkaffee:
Hotel Süsom-Givè, Süsom Givè 82, 7532 Tschierv, www.ofenpass.ch
Mittagessen:
Restaurant/Ustaria «La Posa», Alp Champatsch
Rückreise:
Mit dem Postauto ab Tschierv, Platz
Weitere Infos:
www.engadin.com
www.nationalpark.ch

Über den Ofenpass bin ich auf dem Weg ins Südtirol schon ein paar Mal gefahren. Es ist aber das erste Mal, dass ich hier aussteige und eine Wanderung unternehme. Das Gebiet unserer Tour liegt ganz knapp ausserhalb der Grenze des Nationalparks. Zusammen mit dem Val Mustair ist es Teil des «UNESCO-Biosphärenreservat Engiadina Val Mustair». Eine der Auflagen an den Nationalpark fordert, dass die Kernzone auf Schweizer Gebiet von einer Pflegezone umschlossen ist.

Der Wanderweg steigt gleich zu Beginn etwas an und verlangt, wegen den vielen Wurzeln und Steinen einige Trittsicherheit. Sind wir aber, nach einer guten halben Stunde, einmal oben auf der Ebene Plaun da l'Aua angelangt, beginnt reinstes Wan-

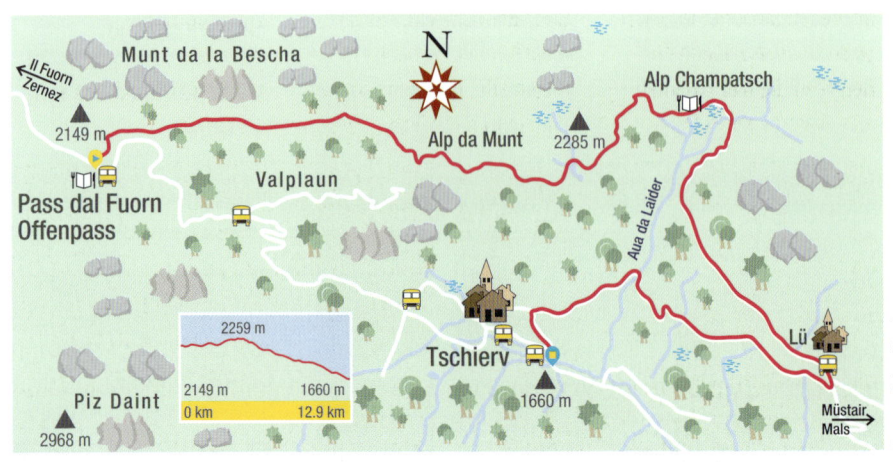

Fotos: Fritz Hegi

Ofenpass (2149 m) – Plaun de l'Aua (2152 m) – Alp da Munt (2213 m) – Champatsch (2087 m) – Lü (1920 m) – Tschierv (1660 m)

dervergnügen und wir sind mitten in der Blütenpracht des Bergfrühlings. Wir befinden uns auf der «Senda Val Mustair». Den Wegweiser zu unserem Mittagsziel, dem «kleinen Paradies, La Posa» erkennen wir sofort und freuen uns, haben wir doch dort Plätze reserviert. Minschuns ist auch ein kleines und feines Schneesportgebiet im Winter. Kurz nach dem Restaurant «Da Munt» treffen wir auf Sanddolinen und lesen auf einer Infotafel eine der vielen Sagen der Bergfeen die hier wohnten: «Sie waren sehr Hilfreich und halfen den Bauern beim Heuen. Eines Tages stahlen einige Bäuerinnen die schönen Leintücher der Bergfeen. Diese waren entsetzt und enttäuscht und schrien so laut, dass sich die Sanddolinen schlossen und man die Bergfeen nie mehr sah.» Wir wandern weiter mit schönen Blicken in das Münstertal und erreichen das kleine Paradies auf der Alp Champatsch. Walter und Gaby feiern ein Jubiläum und laden uns ein. Wir geniessen eine Fleisch-und Käseplatte, dessen Produktion ausschliesslich im Biosphärenreservat entstanden ist. Carla Oswald ist eine Wirtin mit Leib und Seele. Bis nach Lü und weiter bis nach Tschierv treffen wir auf eine breite Naturstrasse. In Lü könnte man bereits das Postauto nehmen, falls man das Gefühl hat, genug gewandert zu haben.

Charakteristik:
Ein Klassiker, besonders schön während des Bergfrühlings

GRAUBÜNDEN

Wanderzeit: 3 h 40 min
Länge: 10,7 km
Höhendifferenz: 470 m bergauf, 650 m bergab

Im Nationalpark

Anreise:
Mit dem Postauto bis Buffalora, P10 (Parkplatz 10)
Jahreszeit:
Mai bis Oktober
Wanderkarte:
1:50 000 Nationalpark 459T
Schwierigkeit:
anspruchsvoll, Schwindelfreiheit und Trittsicherheit erforderlich
Startkaffee:
Berggasthaus Buffalora, Ofenpass, 7532 Tschierv
www.gasthaus-buffalora.ch (Juni bis Oktober durchgehend offen)
Mittagessen:
Hotel Parc Naziunal, Il Fuorn, 7530 Zernez, www.ilfuorn.ch
Rückreise:
Mit dem Postauto ab Il Fuorn, P6
Weitere Infos:
www.engadin.com
www.nationalpark.ch

Im Mittelalter war die Siedlung Buffalora (früher Valdera) direkt mit dem Bergbau verknüpft. Südlich von Buffalora auf 2300 bis 2500 m ü. M. befinden sich alte Bergwerke, wo einst mit einfachen Mitteln Eisenerz abgebaut und in Schmelzöfen bei Il Fuorn weiterverarbeitet wurde. Il Fuorn, der Ofen, davon wurde der Name des Ofenpasses abgeleitet.

Wir starten zu unserer Wanderung durch den Nationalpark in Buffalora und überqueren als erstes das sehr breite Bachbett des Ova il Fuorn. Die im Moment spärlichen Wasserläufe sind mit einfachen Holzbrettern überbrückt. Bei hohem Wasserstand müsste ein kleiner Umweg in südöstlicher Richtung über eine richtige Brücke in Kauf genommen werden. Vor der Alp Buffalora treffen wir auf ganze Felder voller Edelweiss. Ab der Alp bis zu den Stollen der Minenfelder geht es nun recht steil bergauf.

Bei einem der Stolleneingänge nahe beim Wanderweg bleiben wir stehen und staunen, wie klein und eng der Eingang ist. Wir fragen uns, wie es zu dieser Zeit möglich war und welchen Aufwand es brauchte, um das Gestein bis zu den Schmelzöfen in Il Fuorn zu transportieren.

Fotos: Fritz Hegi

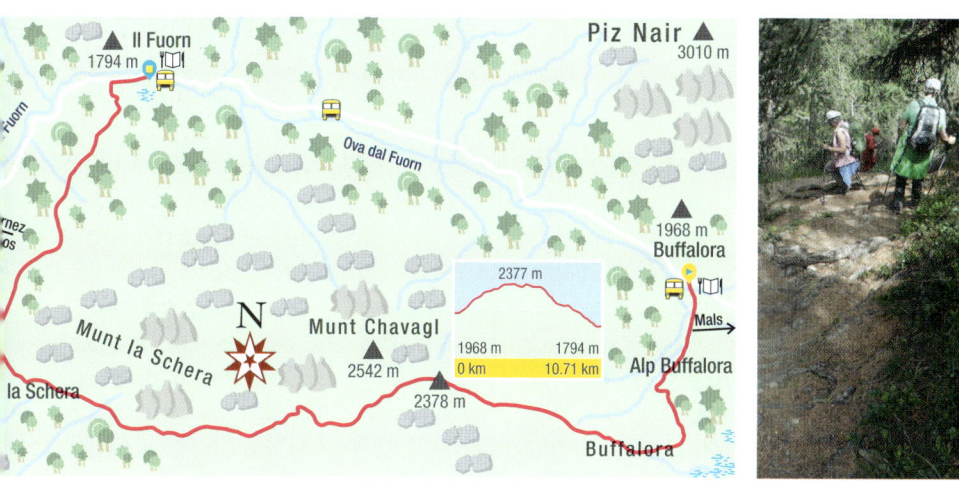

Buffalora (1968 m) – Alp Buffalora
(2038 m) – Punkt 2195 –
Punkt 2378 – Punkt 2370 –
Punkt 2378 – Alp la Schera (2095 m) –
Il Fuorn (1794 m)

Heute erleben wir den herrlichen Bergfrühling mit seinen schönen Farben der Blumen. Der Bergweg steigt nun wieder an und wir erreichen auf 2378 m ü. M den Eingang zum Nationalpark, der durch ein mit «NATIONALPARK» beschriftetes Holzbrett und einer Infotafel klar bezeichnet ist. Der Berg rechts von uns heisst Munt Chavagl und kann auf Wanderwegen nicht bestiegen werden. Den nächsten Berg Munt la Schera auf der rechten Seite ist zwar mit einem Wanderweg versehen. Wir wandern jedoch unten durch weiter und haben noch ein Stück zu überwinden, bei dem Schwindelfreiheit erforderlich ist. Nach kurzer Zeit gelangen wir auf die Alp La Schera, berühmt wegen ihrer vielen Murmeltiere. Links unten ist der Lago di Livigno zu erkennen. Im letzten Wegstück bis Il Fuorn hat man, wegen des vielen herumliegenden toten Holzes wirklich das Gefühl im Nationalpark zu sein. Plötzlich hören wir nach der grossen Stille im Nationalpark wieder Motorenlärm. Wir sind an der Ofenpassstrasse und am Ziel Il Fuorn angelangt.

Charakteristik:
Bergwanderung im Nationalpark mit schönen Aussichten auf den Livignosee

WALLIS

Foto: Fritz Hegi – Kartographie: Edition Lan AG

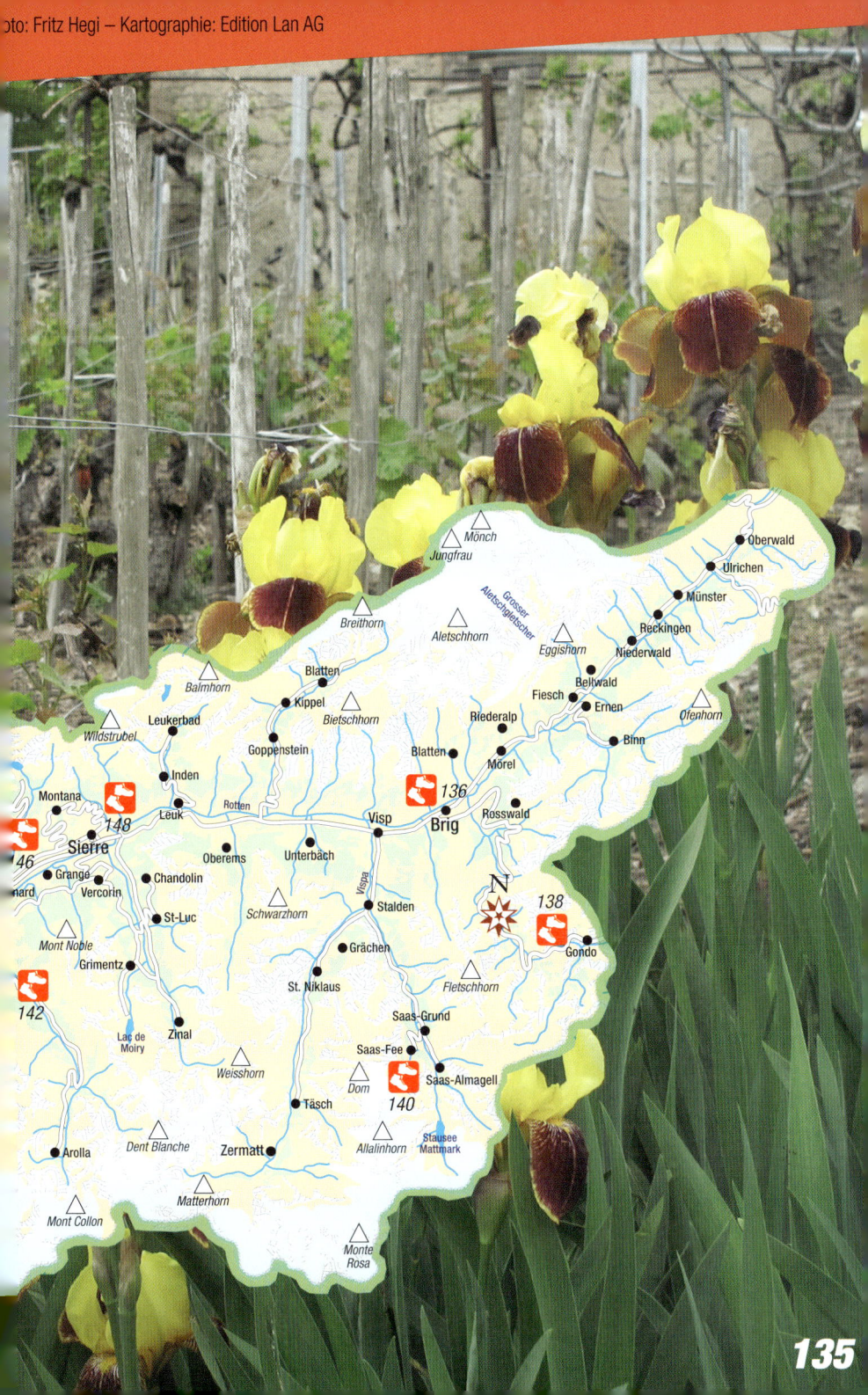

WALLIS

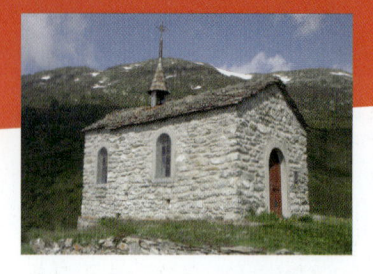

Wanderzeit: 3 h 45 min
Länge: 12 km
Höhendifferenz: 150 m bergauf, 950 m bergab

Postkartenidylle hoch über Brig

Anreise:
Mit dem Postauto ab Brig nach Blatten b. Naters, Post – von dort mit der Luftseilbahn LBB nach Belalp

Jahreszeit:
Juni bis Oktober

Wanderkarte:
1:50 000 Jungfrau 264 T und Visp 274 T

Schwierigkeit:
mittelschwer (viel bergab)

Startkaffee:
Bergstation-Buffet, 3914 Belalp

Mittagessen:
Restaurant Safran, Dorfstr. 4, 3903 Mund (Ruhetag DI)

Rückreise:
Von Mund, Dorf, mit dem Postauto nach Brig, Hauptbahnhof

Weitere Infos:
www.mund.ch

Es ist jetzt bereits einige Jahre her, seit ich diese Wanderung unternahm. Ausser, dass in der Zwischenzeit in Belalp wahrscheinlich einige neue Häuser erstellt wurden, hat sich an der wunderschönen Landschaft nicht viel verändert. Da es unterwegs keine Restaurants gibt, wäre es wichtig, etwas Verpflegung in den Rucksack einzupacken. Schöne Rastplätze hat es genug, z. B. nach einer Stunde bei der Häusergruppe «Nessel». Bis dort ist der Weg mehr oder weniger eben. Einige Schritte nach Bäll überqueren wir den Chelchbach, der durch ein kleines Tobel links ins Tal rauscht. Kühe ruhen sich

Fotos: Fritz Hegi

Belalp (2098 m) – Bäll (2010 m) – Nessjeri (2019 m) – Nessel (2010 m) – Chittumatte (1635 m) – Obersta (1269 m) – Senntum (1344 m) – Mund (1188 m)

aus und sind am Wiederkäuen. Wenn wir zurückschauen, können wir den Grossen Aletschgletscher bewundern. Ausserdem blühen im Juni die Alpenrosen. Wir wandern auf einem schmalen Weg, der einer etwas breiteren Suone (Wasserkanal) folgt. Der Weiler Nessel bietet ein Bild, wie wir es von Postkarten her kennen: Einsames Kirchlein auf dem höchsten Punkt, Hauswände aus Steinmauern und leicht geneigtem Satteldach, gedeckt mit grossen Steinplatten. Die kleine Glocke hängt an einem Galgen, der von einem spitzen, mit Blech eingefassten Türmchen überragt wird. Die umliegenden Ställe und Häuser ergeben ein harmonisches Bild. Jedem Touristiker würden dazu sofort einige schöne Werbesprüche einfallen. Ich geniesse es einfach so, ohne Worthülsen. Von Nessel bis Oberbirgisch sind nun etwa 800 Meter bergab. Diese müssen auf einer Distanz von ca. vier Kilometern bewältigt werden. Wir folgen dem Milchbach, der von der oberen Ebene tief ins Tal rauscht und bei Brig in die Rhone mündet. Beim Punkt 1269 steigt der Weg wieder ewas leicht an. Das Wasser, dem wir nun in der Fliessrichtung entgegenwandern, wird vom Mundbach abgeleitet. Dunkle und enge Tunnel liegen an unserem Weg. Beim Mundbach, dort wo unser Wanderweg eine Spitzkehre aufweist und dann Richtung Tähischinu und Mund weiterführt, wird das Stigwasser abgeleitet. Diese Suone begleiten wir bis fast an unser Ziel. Mund, auf einer Sonnenterrasse über dem Rotten gelegen, ist berühmt für seinen Safran. Safran soll wertvoller als Gold sein, wie ich auf der Homepage von Mund über den Safranlehrpfad lese. Das Restaurant Safran ist jetzt nach einigen Besitzerwechseln wieder offen.

Charakteristik:
Abwechslungsreiche Suonenwanderung mit recht grossem Abstieg an verschiedenen Wasserläufen

WALLIS

Wanderzeit: 2 h 30 min
Länge: 8,4 km
Höhendifferenz: 70 m bergauf, 650 m bergab

Auf dem Stockalper-Handelsweg

Anreise:
Mit der Bahn nach Brig und weiter mit dem Postauto nach Simplon Dorf, Post
Jahreszeit:
Mai bis Oktober
Wanderkarte:
1:50 000 Visp, 274T
Schwierigkeit:
mittelschwer (viel bergab)
Startkaffee:
Bäckerei Arnold, Alte Simplonstrasse 11, 3907 Simplon Dorf (Ruhetage im September und Oktober: Donnerstag – Ruhetage November bis Juni: Mittwochnachmittag und Donnerstag)
Mittagessen:
Hotel Stockalperturm, Simplonstrasse, 3907 Gondo (täglich geöffnet)
Rückreise:
Von Gondo, Post, mit dem Postauto nach Brig und weiter mit der Bahn
Weitere Infos:
www.simplon.ch

«Der riesige Erdrutsch hat hier alles mitgerissen», erklärt uns Roland Jeanneret, der frühere «Mister Glückskette», der uns als Mitwanderer begleitet. Wir stehen vor dem wieder neu aufgebauten Stockalperturm in Gondo, und er beschreibt uns eindrücklich die dramatischen Ereignisse von damals im Oktober 2000, als ein riesiger Erdrutsch nach tagelangen Regenfällen das Dorf Gondo unter sich begrub und viele Todesopfer forderte. Und auch welche schwierigen Überlegungen angestellt und Entscheide gefällt werden mussten, um die Spendengelder sinnvoll einzusetzen.
Nach unserem üblichen Startkaffee in Simplon-Dorf ziehen wir los. Zuerst etwa einen Kilometer der Strasse entlang, bis der Weg dann links auf einen Naturpfad abzweigt und leicht nach unten weiterführt. Wir befinden uns auf dem Stockalper-Handelsweg. Kaspar Jodok von Stockalper (1609–1691) war Walliser Kaufmann, Bankier, Offizier, Politiker und Bauherr. Er liess zum Ausbau des Handels über den Simplonpass den Saumpfad und den Stockalperturm in den Jahren 1666 bis 1684 bauen. Der Bunkereingang aus neu-

Fotos: Fritz Hegi

Simplon-Dorf (1472 m) – Gstein (1228 m) – Aebi (1197 m) – Fort Gondo (1093 m) – Ramserna (960 m) – Gondo (855 m)

erer Zeit, der sich rechts am Weg befindet, ist so «fantasievoll» gestaltet, dass er auf den ersten Blick als militärisches Objekt erkannt wird. Geheim ist das zwar heute alles nicht mehr, aber trotzdem ein bisschen drollig, wie da versucht wurde, die Natur nachzubilden. Bei Gstein vereinigen sich die zwei Bergbäche Laggina (rechts) und Chrummbach (links) und fliessen als Doveria gegen Osten in die Gondoschlucht. Wir machen hier einen grösseren Halt. Weiter vorn gehts dann an Häuserruinen vorbei. An einem steinernen Türrahmen ist die Jahrzahl 1676 eingraviert, also die Zeit, als der Stockalperturm gebaut wurde. Bei Hohsteg sehen wir die Napoleonische Brücke. Napoleon liess unter grossen Anstrengungen zwischen 1801 und 1805 eine befestigte Strasse durch die Gondoschlucht bauen, die er aber nie benutzte. Auf dem weiteren Weg gelangen wir über einen Steg zum Fort Gondo. Die Festung führt etwa 350 m durch den Berg und bietet eine kleine Ausstellung; an einer Stelle ermöglicht ein Seitenstollen den Blick ins Freie. Nach dem Fort wandern wir über ein Geröllfeld und zuletzt über einen luftigen Steg zur Ramserna. Anschliessend erreichen wir Gondo.

Charakteristik:
Abenteuerliche Schluchtenwanderung am Simplonpass mit dem Besuch einer Militärfestung

139

WALLIS

Wanderzeit: 2 h 40 min
Länge: 9 km
Höhendifferenz: 550 m bergauf, 10 m bergab

Schussfahrt zum Schluss

Anreise:
Ab Visp mit dem Postauto nach Saas-Fee, Busterminal
Jahreszeit:
Dezember bis März
Wanderkarte:
1:50 000 Mischabel 284T
Schwierigkeit:
anspruchsvoll
Startkaffee:
Cafe Central, 3906 Saas-Fee
Mittagessen:
Bergrestaurant Hannig, 3906 Saas-Fee (Die Öffnungszeiten richten sich nach dem Fahrplan der Luftseilbahn – Wintersaison Mitte Oktober bis Mitte April)
Rückreise:
Ab Hannig mit der Seilbahn LSF nach Saas-Fee oder mit einem Mietschlitten
Weitere Infos:
www.saas-fee.ch
www.hannig-saas-fee.ch

Die Wetterprognose zeigt am Abend vorher an, dass nördlich der Alpen Hochnebel herrscht und es im Wallis sonnig sein soll. Wir ändern deshalb kurzfristig unseren Plan und wandern statt im grauen Norden im sonnigen Saas-Fee. Vor den 530 Meter Höhendifferenz auf die Hannigalp haben wir Respekt und überlegen uns Zuhause noch die Option mit der Bahn hochzufahren und anschliessend ins Tal zu wandern. Unterwegs im Zug und nach Konsultation der Höhenkurven und des Wanderwegverlaufs entscheiden wir uns aber für die Variante Aufstieg zu Fuss und runter mit der Bahn. Dieser Entscheid war goldrichtig, weil er uns noch ein weiteres neues Erlebnis bescherte. Wir starten in Saas-Fee, nachdem wir unseren obligatorischen Startkaffee genossen haben und wandern bergwärts am schönen Chalet Vogelweid, dem ehemaligen Wohnhaus des Schrift-

Fotos: Fritz Hegi, Hansruedi Trösch

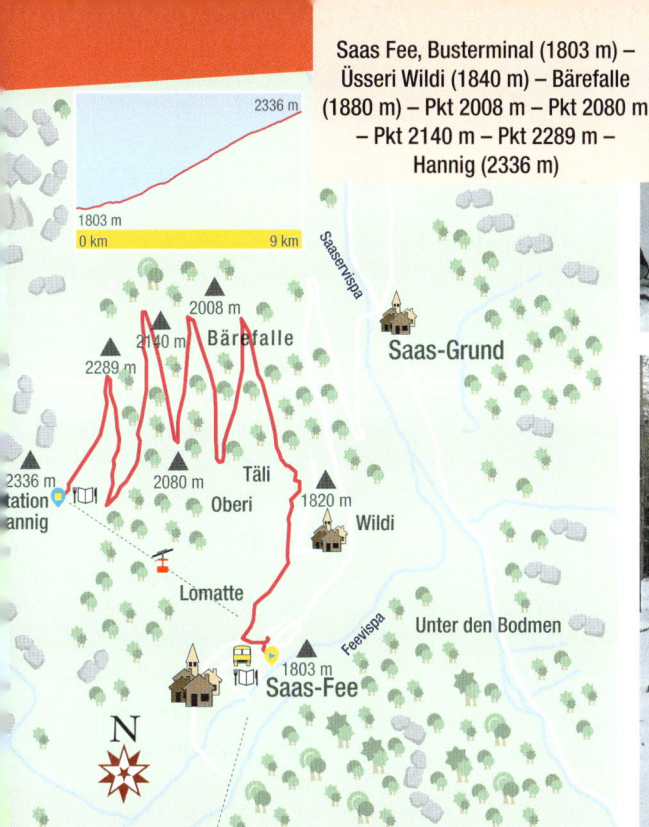

Saas Fee, Busterminal (1803 m) – Üsseri Wildi (1840 m) – Bärefalle (1880 m) – Pkt 2008 m – Pkt 2080 m – Pkt 2140 m – Pkt 2289 m – Hannig (2336 m)

stellers Carl Zuckmayer, vorbei. Die erste von sieben Spitzkehren des Wanderwegs befindet sich bei der Bärenfalle. Bei Melchbode liegt die Nächste. Hier verlassen wir den Carl-Zuckmayer-Wanderweg und schreiten munter weiter bergwärts. Grösstenteils ist der Wanderweg auf dem gleichen Trassee wie die Schlittelpiste. Dies hat den Vorteil, dass der Untergrund sehr gut präpariert ist und wir nicht stark im Schnee einsinken. Ein Nachteil ist, dass wir auf Schlittelfahrer aufpassen müssen. Allerdings ist ein grosser Teil des Aufstiegs auch neben der Piste möglich, weil für Wanderer Abkürzungen eingebaut wurden. Bei der letzten Spitzkehre (Pkt 2289) offeriert uns Fred einen guten Chardonnay zum Apéro. Das Ziel ist nicht mehr weit und bereits in Sichtdistanz. So können wir uns das locker erlauben.

Für das Mittagessen müssen wir im Innern des Bergrestaurants Hannig Platz nehmen, weil plötzlich ein sehr starker Wind aufkommt. Bei der Bergstation stellten wir später fest, dass die Bahn unter diesen Umständen uns nicht mehr ins Tal befördern kann. Das besondere Erlebnis war nun die ungeplante, rassige Schlittelabfahrt nach Saas-Fee.

Charakteristik:
Leicht anstrengende Winterwanderung, die eine beachtliche Höhendifferenz aufweist

141

WALLIS

Wanderzeit: 3 h 15 min
Länge: 10,3 km
Höhendifferenz: 500 m bergauf, 130 m bergab

Ein Naturphänomen bei Euseigne

Anreise:
Mit dem Postauto ab Sion (Richtung Les Haudères, poste) bis Euseigne, poste
Jahreszeit:
Mai bis Oktober
Wanderkarte:
1:50 000 Montana 273 T
Schwierigkeit:
anspruchsvoll
Startkaffee:
Café-Restaurant du Relais, Chez Laurence, Rue Principale, 1982 Euseigne (Ruhetag: MI)
Mittagessen:
Café-Restaurant Relais des Mayens de Sion (Ruhetag ausserhalb der Saison am DI-Nachmittag und MI)
Rückreise:
Mit dem Postauto ab Veysonnaz, stations, in ca. 40 Minuten zum Hauptbahnhof Sion
Weitere Infos:
www.heremence.ch
www.musee-des-bisses.ch

Wie so viele Besucher fragte ich mich natürlich auch, wie die grossen Steine auf die Pyramiden von Euseigne gekommen sind. Im Internet konnte ich einiges in Erfahrung bringen: Vor 80 000 bis 10 000 Jahren wich der Eringergletscher nach Süden zurück. Das abgelagerte Moränenmaterial ist der Witterung ausgesetzt, welche diesen recht wasserdichten, verschiedenartigen, harten Beton langsam aber stetig zermürbt. Niederschläge und Schmelzwasser, welche oberflächlich über die Moräne rieseln, legen nach und nach die grossen, widerstandsfähigen Felsbrocken frei. Dank ihrer Grösse und ihres beträchtlichen Gewichts bilden diese Brocken «Schutzkappen». Sie drücken das darunterliegende Material zusammen und schützen es vor Erosion durch Wind und Wasser. Die ungeschützte Moräne ringsum zerbröckelt hingegen und wird nach und nach von Wind und Wasser davongeschwemmt, respektive weggeschliffen und weggeblasen. Dieser natürliche Erosionsprozess ist nach wie vor im Gange. Die Pyramiden von Euseigne sind 10–15

Fotos: Fritz Hegi, Fred Deutschle

Euseigne (975 m) – Sauterot (939 m) – Hérémence (1237 m) – Les Mayens d'Arnou (1355 m) – Les Mayens-de-Sion (1343 m) – Grand Bisse de Vex (1350 m) – Veysonnaz (1335 m)

Meter hoch. Ihre steinernen, auf Säulen sitzenden Schutzkappen bestehen aus massiven Felsbrocken von mehreren Metern Durchmesser und einem Gewicht von bis zu 20 Tonnen. Es handelt sich entweder um Gneis (Granitschiefer) oder um dunkelgrünen Fels (Serpentinite), die durch den eiszeitlichen Eisstrom von den Talenden des Val d'Hérémence oder Eringertales (Val d'Hérens) herabgetragen wurden.

Bei Sauterot verlassen wir das ebene Wegstück und beginnen den Aufstieg über einen schönen Zick-Zack-Weg nach Hérémence. Die sonnenverbrannten Häuser hier oben sind eine Augenweide und typisch für das Wallis. Im SSO ragt der Dent Blanche in den Himmel. Er gehört mit einer Höhe von 4358 Metern zu den ganz Grossen. Rechts davon im Hintergrund sehen wir das Matterhorn. Die Bisse de Vex (Suone von Vex) möchte ich nur mit einem Wort beschreiben: SUPER. Nach einem Blick auf die Wanderkarte glaubt man es fast nicht, dass sich hier, in der so dicht verbauten Gegend oberhalb von Sion, soviel Natur verbergen kann.

Charakteristik:
Wanderung mit mässigem Aufstieg und überraschend viel Natur im stark überbauten Rhonetal oberhalb Sion

143

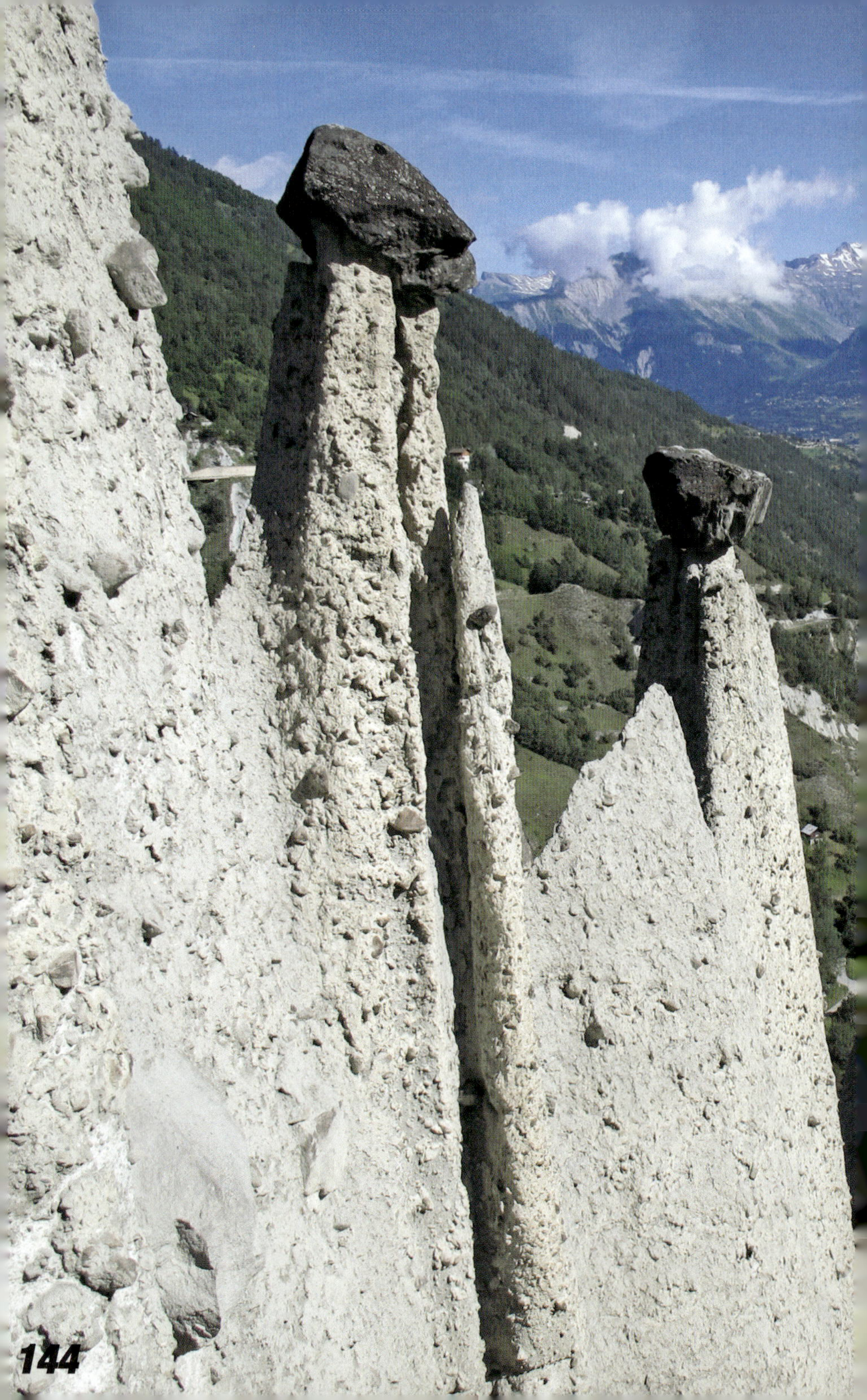

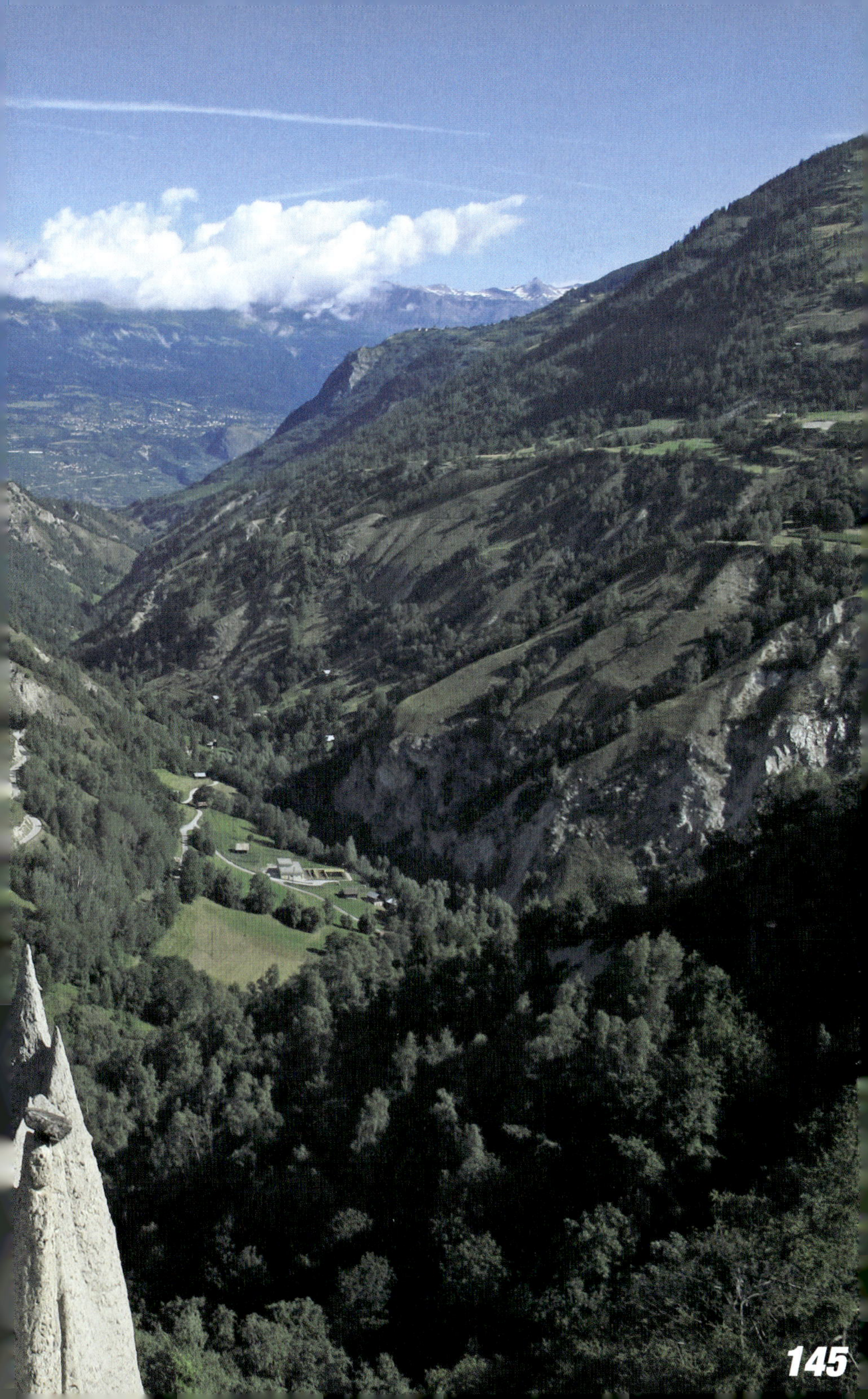

WALLIS

Wanderzeit: 3 h 15 min
Länge: 11,2 km
Höhendifferenz: 80 m bergauf, 490 m bergab

Wanderungen an der Bisse de Clavau

Anreise:
Ab Sion mit dem Bus (Richtung Crans-s.-Sierre) bis Icogne, Prasserin

Jahreszeit:
April bis Oktober

Wanderkarte:
1:50 000 Montana 273 T

Schwierigkeit:
leicht

Startkaffee:
Restaurant d'Icogne, Route de la Bourgeoisie 2, 1977 Icogne (Ruhetage: MO)

Mittagessen:
La Guérite Brûlefer, Bisse de Clavau, 1950 Sion Nord (offen von Ostern bis Ende Oktober: FR, SA, SO 11.00–20.00 Uhr; für Gruppen ab zehn Personen auch an übrigen Tagen)

Rückreise:
Ab Sion, Brasserie, mit dem Bus in ca. elf Minuten zum Hauptbahnhof Sion

Weitere Infos:
www.suone.ch/wandern

«Gibt es zwei verschiedene Bezeichnungen für die Bisse de Clavau?» fragen wir uns, als wir kurz nach Icogne auf ein rotes Wegweiserschild stossen, das mit «Route du Bisse de Clavoz» angeschrieben ist. Auch der gelbe Wanderwegweiser einige Schritte weiter unten bei Les Hombes trägt die Bezeichnung Clavoz. Auf allen andern Wegweisern ist Bisse de Clavau signalisiert. Wallis Tourismus hat mir später geschrieben, dass die Bezeichnung «Bisse de Clavau» richtig sei. Aber was bedeutet Clavoz? Die Mediathek Wallis schreibt mir dazu, dass beide Bezeichnungen angewandt würden.

Schon nach etwa 20 Minuten nach unserem Startkaffee sehen wir die stiebenden Wasser von Zuflüssen in die La Liène, den Hauptfluss des Tals. Eine erste Brücke über den Bach ist recht stabil. Der nächste Übergang aus Holz, der über ein Nebenflüsschen führt, wirkt weniger vertrauenserweckend. Es ist schief, das Geländer ist zwar noch vorhanden, scheint aber nicht mehr so stabil zu sein. Wir schaffen es trotzdem hinüber. Danach

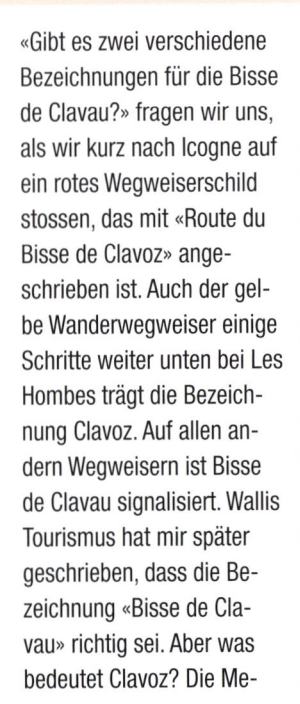

Fotos: Fritz Hegi

Icogne, Prasserin (1026 m) – Les Hombes (690 m) – Tsampon (667 m) – Brûlefer (648 m) – Sion, Brasserie (563 m)

folgt ein dunkles, kleines Loch im Felsen. Durch diesen Stollen müssen wir durch, das ist nichts für Leute mit Tunnelangst! Zum Glück ist er beleuchtet, sofern man daran denkt, den Schalter der Beleuchtung zu betätigen. Auch das schaffen wir, trotzdem tappen einige von uns durch den stockdunklen Tunnel, weil die Beleuchtung nach einer gewissen Zeit automatisch abschaltet.

Endlich erreichen wir die Suone. Ein wunderbarer Wanderweg führt entlang des Wasserlaufs, genau so stellt man sich eine Suonenwanderung vor: schmaler Naturweg, schattig und keine Höhendifferenz. Das Wasser fliesst durch Naturbette, Kanäle (aus Beton, Holz und Blech) und Röhren.

In den Rebbergen gönnen wir uns eine kleine Rast und geniessen den Apéro, natürlich mit einem Weissen aus der Gegend. Die Trockensteinmauern, angelegt an schwindelerregenden Hängen, sind ein einmaliges und aussergewöhnliches Kulturgut. Auf dem Bild – meine Mitwanderer sind vor den Mauern zu sehen – können wir abmessen, dass diese das Mehrfache der Menschengrösse betragen. Unser Wanderziel ist schliesslich Sion, die Hauptstadt des Kantons Wallis.

Charakteristik:
Schöne Suonenwanderung mit etwas grösserem Abstieg am Anfang

WALLIS

Wanderzeit: 2 h 50 min
Länge: 10,4 km
Höhendifferenz: 240 m bergauf, 300 m bergab

Zwei Suonen auf einmal

Anreise:
Ab Sierre mit dem Bus nach Venthône, village (Richtung Crans-s.-Sierre, éléfériques) oder mit der Standseilbahn Richtung Montana Gare bis Venthône und anschliessend Fussmarsch von 10 Minuten bis ins Dorf
Jahreszeit:
Mai bis Oktober
Wanderkarte:
1:50 000 Montana 273T
Schwierigkeit: mittelschwer
Startkaffee:
Hote Restaurant Bellevue, 3073 Venthône, (Ruhetag DI)
Mittagessen:
Restaurant Varensis, Dorfstrasse 56, 3953 Varen (Ruhetage: MI+SO ab 16.00 Uhr)
Rückreise:
Ab Varen, Post, mit dem Bus nach Sierre oder Leuk
Weitere Infos:
www.varen.ch

In Venthône steigt ein jüngerer Wanderer mit mir aus dem Postauto. Auch er konsultiert den gelben Wegweiser. Ich frage ihn, ob er auch die Suonenwanderung nach Varen machen möchte: «Ja genau», lautet seine Antwort. «Er wisse nur nicht genau, welchen Weg er nehmen müsse.» Da es auch für mich das erste Mal ist, dass ich hier wandere, beschliessen wir, gemeinsam den Weg zu suchen. Hier in Venthône ist das überhaupt nicht schwierig, später muss man allerdings ein bisschen aufpassen, dass man den Weg nicht verfehlt, wie wir noch sehen werden.

Bei der Postautohaltstelle folgen wir dem Wegweiser nach Varen (Bisse Neuf et de Varone). Zunächst spazieren wir durchs Dorf und entlang den Rebbergen, nach knapp einem Kilometer zweigt ein kleiner Weg nach links ab. Bis zur Bisse Neuf sind es etwa 100 Höhenmeter. Es gibt offenbar zwei Bezeichnungen für die Bisse. In Wanderbüchern habe ich auch den Namen Bisse de Planige statt Bisse Neuf gefunden. Die Wanderwege allerdings kennen nur Bisse Neuf. Der Weg verläuft nun immer gemächlich ansteigend der wunderschönen Suone entlang und immer im lichten Schatten. Die Bäume stehen nicht so dicht, so dass man trotzdem die Aussicht auf Sierre und die Alpen geniessen kann. Unterwegs kommen wir zufällig in ein Gespräch mit andern Wanderern. Wir er-

Fotos: Fritz Hegi

Venthône, village (814 m) – Bisse Neuf (895 m) – Kapelle St. Marguerite (991 m) – La Poprija (1030 m) – Taschunieru (933 m) – Varen, Post (760 m)

fahren, dass Urs und Béatrice die Hotelbesitzer vom Helvetia in Montana sind. Urs organisiert für seine Hotelgäste Suonenwanderungen, die er selber begleitet. Etwas vor der Schöpfe werden wir von der Bisse an den Raspille-Bach weggelenkt. Von dort aus wird man an die Grossi Wasserleitu (Grosse Suone von Varen/ Bisse de Varone) gewiesen.

Hier heisst es aufpassen, dass man den Weg nicht verpasst. Wir gehen geradeaus statt etwas nach oben (Bisse de Varone) und landen prompt in einer Sackgasse.
Dank GPS finden wir den Wanderweg aber wieder und können zur «oberen Etage» aufsteigen. In der Nähe der ominösen Abzweigung befindet sich eine schöne Ka-

pelle, die einen Besuch wert ist. Die Grossi Wasserleitu ist eine der ältesten urkundlich erwähnten Suonen (1150) im Wallis.

Charakteristik:
Sehr schöne Wanderung entlang von zwei Suonen, grösstenteils im Schatten und stets auf Naturwegen

WESTSCHWEIZ

to: Fritz Hegi – Kartographie: Edition Lan AG

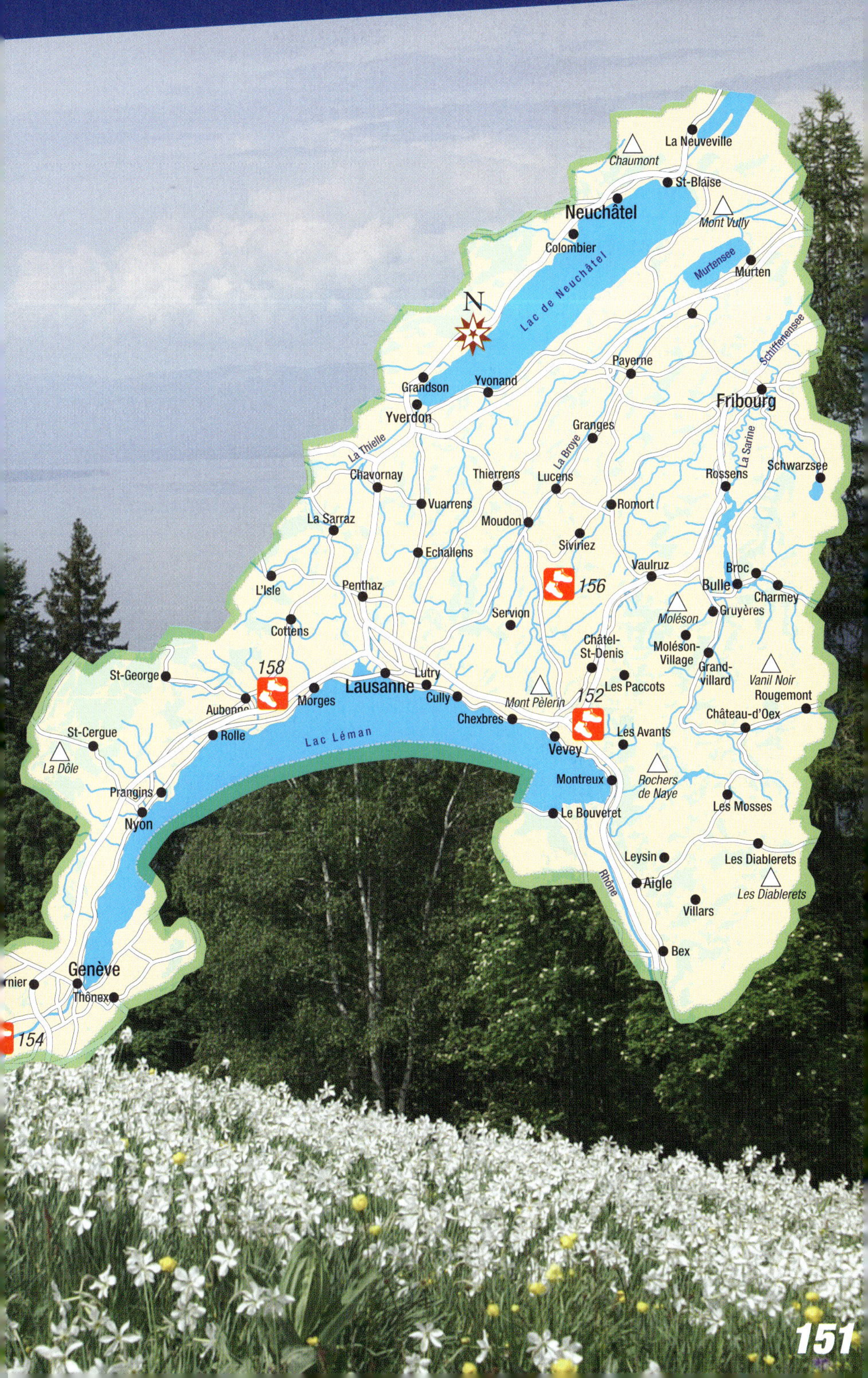

WESTSCHWEIZ

Wanderzeit: 2 h
Länge: 5,6 km
Höhendifferenz: 250 m bergauf, 250 m bergab

In den Narzissenfeldern von Les Pléiades

Anreise:
Mit den SBB nach Vevey, von dort mit der Zahnradbahn Vevey–Les Pléiades bis Stn. Les Pléiades
Jahreszeit:
Sehr schön während der Narzissenblüte von Ende Mai bis Juni, sonst von Mai bis Oktober
Wanderkarte:
1:50 000 Rochers de Naye 262T
Schwierigkeit:
Mittelschwer
Startkaffee und Mittagessen:
Hotel und Restaurant Les Pléiades, in Betrieb vom 1. März bis 31. Oktober
Weitere Einkehrmöglichkeit:
Restaurant de la Châ, ungefähr auf halbem Weg zwischen Les Pléiades und Prontin. Betriebszeiten beachten
Rückreise:
Mit der Zahnradbahn von Les Pléiades nach Vevey
Weitere Infos:
www.lespleiades.ch
(mit Webcam)
www.astropleiades.com
(Ausstellung AstroPléiades)

Als «La neige des mai», der Maischnee, werden die blühenden Narzissenfelder von den Romands bezeichnet. Dieses Naturschauspiel findet von Mai bis Juni statt und ist wirklich faszinierend. Man sollte es einmal erlebt haben! Um sicher zu sein, ob sie blühen, orientiert man sich am besten auf der Homepage von Les Pléiades mit der aufgeschalteten Webcam. Für mich als Berner ist die Westschweiz mit dem ÖV in gut einer Stunde erreichbar.

Wir steigen in Vevey an einem wunderschönen Tag in der dritten Maiwoche in die Zahnradbahn, die uns nach Lally und Les Pléiades bringt. Schon die Fahrt ist ein Erlebnis. Das Startkaffee können wir auf der Terrasse des «Les Pléiades» bei bester Aussicht auf den Genfersee geniessen. Wir haben auch gleich einen Tisch zum Mittagessen reserviert, da wir zur Mittagszeit nach der rund zweistündigen Wanderung wieder hier sein sollten.

Ich empfehle die Freiluftausstellung «AstroPléiades» zu besuchen, welche sich gleich beim Restaurant befindet. Die Ausstellung basiert auf der Idee, das Uni-

Fotos: Fritz und Verena Hegi

Les Pléiades (1361 m) – Pkt (1397 m) – Pratin (1210 m) – Les Tenasses (1220 m) – Lally (1241 m) – Les Pléiades (1361 m)

versum in vier grossen Sprüngen (Massstäben) darzustellen: 1. Die Erde als Observatorium – 2. Das Sonnensystem – 3. Zu den nächsten Fixsternen – 4. Unsere Galaxie und die näheren Sternsysteme. Der Narzissenweg, der gleich bei der Bahnstation beginnt, ist mit Holzwegweisern und einer stilisierten Narzisse drauf gut bezeichnet. Es ist eine Rundwanderung und man sieht schon bald die ersten Narzissenfelder. Nach dem Wald sollte es aber noch üppiger werden. Bei Prantin gibt es unvorstellbar grosse Felder: Narzissen, welche einen sehr intensiven und betäubenden Geruch haben. Die Blumen sind selbstverständlich geschützt. Sumpfige Passagen sind liebevoll mit Holzstegen überbrückt. Das Mittagessen, wiederum auf der Terrasse, ist vorzüglich. Für die Wanderung benötigen wir rund drei Stunden, inklusive vielen Fotohalten und dem Besuch des Astro-Pléiades.

Charakteristik:
Wanderung durch die herrliche Pracht des «Neige du mai»

WESTSCHWEIZ

Wanderzeit: 3 h
Länge: 11 km
Höhendifferenz: 240 m bergauf, 180 m bergab

Feldrand-Apéros im Genfer Hinterland

Anreise:
Von Genf Cornavin mit der Bahn nach La Plaine
Jahreszeit:
ganzjährig
Wanderkarte:
1:50 000 Genève 270T
Schwierigkeit:
mittelschwer
Startkaffee:
Boulangerie Tea-Room de la Plaine, Chemin du Rail 4, 1283 La Plaine

Mittagessen:
Auberge de Choully,
Pierre-Louis Descloux,
Route du Crêt-de-Choully 19
1242 Choully (täglich offen)
Rückreise:
Von Satigny mit Bahn nach Genf Cornavin
Weitere Infos:
www.geneve-tourisme.ch
www.auberge-de-choully.com

Wenn wir Deutschschweizer Genf hören, so denken wir zuerst an Sitze von internationalen Organisationen und Privatbanken sowie an eine mondäne Grossstadt. Dass Genf aber auch ein charmantes Hinterland mit einer speziellen Landwirtschaft besitzt, ist vielen nicht so bekannt. Mir bis jetzt auch nicht!

Aus dem Internet entnehme ich, dass im ländlichen Genf eine ganz besondere Form der Vertragslandwirtschaft besteht. Ich zitiere: «Das Grundprinzip dieser Konsumenten-Produzenten-Beziehung à la Genevoise ist ein Anbauvertrag. Dieser Vertrag verteilt die Risiken der Produktion auf Produzenten und Konsumenten. Deshalb nennt man das Modell in der französischsprachigen Schweiz, zu der Genf gehört, «agriculture contractuelle». Diese Vertragslandwirtschaft sieht im Prinzip so aus: Ein Konsument kauft zu Beginn der Vegetationsperiode die Ernte einer bestimmten Anbaufläche zu einem Pauschalpreis. Je nach Entwicklung der Kultur und der klimatischen Umstände erhält der Konsument für diese Pauschale mehr oder weniger als die im voraus geschätzte Menge an Äpfel, Leinsamen oder Sonnenblu-

Fotos: Fritz Hegi

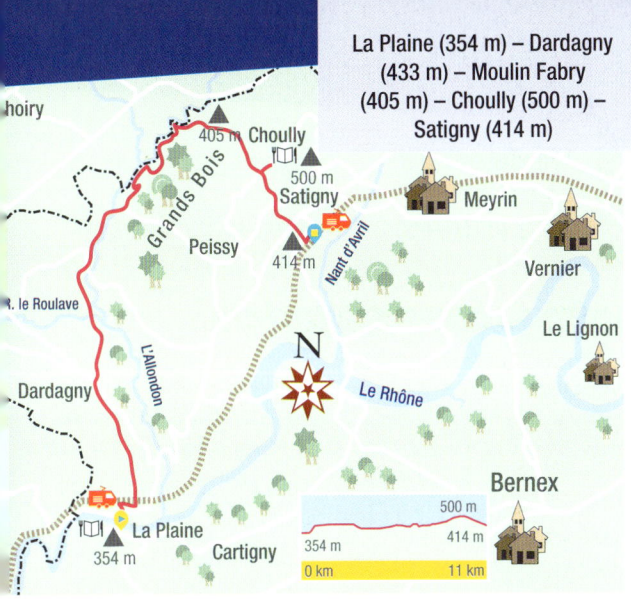

La Plaine (354 m) – Dardagny (433 m) – Moulin Fabry (405 m) – Choully (500 m) – Satigny (414 m)

menöl. Während der Saison treffen sich Bauern und Konsumenten zu Feldrand-Apéros. Dort werden sie (bei einem Glas Weisswein) über die Entwicklung der Kulturen informiert und das gemütliche Zusammensein, die sogenannte «convivialité», wird gepflegt.»

Mit «Renversée et croissants» beginnen wir unsere Wanderung in einer ganz speziellen, kleinen Boulangerie in La Plaine, dessen Besitzerin uns gleich von Anfang an sehr sympathisch ist. Durch Weinberge und das Naturschutzgebiet des Allondontals wandern wir gegen Choully. Es ist wirklich erstaunlich wieviel freie Natur hier zu finden ist. Der Allondon (oder ist er weiblich und heisst die Allondon?) ist ein wilder Fluss. Manchmal bewegt man sich auf gleicher Höhe mit dem Wasser, dann gibt es wieder Stellen, wo man tief auf den Fluss hinunterschaut. Den Wanderweg muss man manchmal ein bisschen im lockeren Wald erahnen, weil Wegweiser hier etwas rar sind. Vom Mittagessen in Choully bis zum Zielbahnhof in Satigny ist es nicht mehr weit.

Charakteristik:
Wanderung durch Rebberge und durch ein wildes Tal direkt vor den Toren von Genf

155

WESTSCHWEIZ

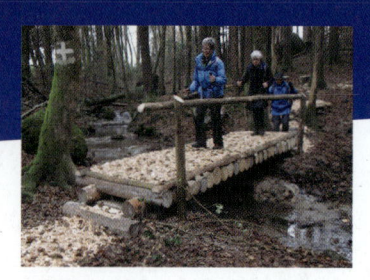

Wanderzeit: 3 h 30 min
Länge: 12,8 km
Höhendifferenz: 220 m bergauf, 220 m bergab

Endlich zum Burghügel von Rue

Anreise:
Mit der Bahn nach Palézieux
Jahreszeit:
ganzjährig
Wanderkarte:
1:50 000 Bulle 252T und Rochers de Naye 262T
Schwierigkeit:
mittelschwer
Startkaffee:
Auberge de l'Union,
Rue de la Gare 3,
1607 Palézieux VD,
(Ruhetag: SO)
Mittagessen:
Hotel de Ville,
30, rue du Casino,
1673 Rue FR
(Ruhetage: MO+DI)
Rückreise:
Von Rue, village mit dem Bus nach Romont (mit Umsteigen in Oron) oder Palézieux und weiter mit der Bahn
Weitere Infos:
www.hoteldevillerue.ch

Der Burghügel von Rue ist seit Jahren ein Ziel von mir. Jedesmal, wenn ich auf dem Weg mit der Bahn von Bern nach Lausanne unterwegs bin und nach dem Passieren des Tunnels bei Vauderens rechts unten das Dörfchen Rue sehe, denke ich mir, jetzt musst du endlich dorthin. Jetzt ist es soweit. Zuerst muss ich aber eine gute Route finden.
Seit ein paar Jahren gibt es auf der Homepage www.wanderland.ch ein äusserst praktisches Werkzeug für Routenplanungen. Nach Einzahlen eines jährlich bescheidenen Beitrags kann man die SchweizMobilcard kaufen und bekommt die Möglichkeit mit ein paar Mausklicks Wanderungen selber zu planen. Als Basis wird die Swisstopokarte mit eingezeichneten grünen Wanderwegen zur Verfügung gestellt. Während der Erstellung wird dem User laufend die Wanderzeit und das Profil online angezeigt. Ich habe damit eine Route geplant, welche praktisch nur über Naturwege führen soll und eine Wanderzeit von 3 h 30 min aufweist. (Nach Angaben des Tools 3 h 11 min, ich rechne aber immer etwas dazu)

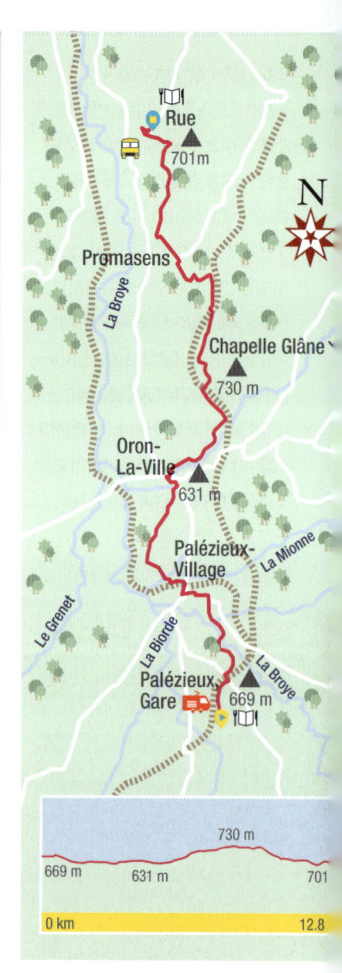

Nach dem Startkaffee geht es über offenes Feld Richtung Palézieux-Village. Wir überqueren das Flüsschen La Mionne und erreichen

Fotos: Fritz Hegi

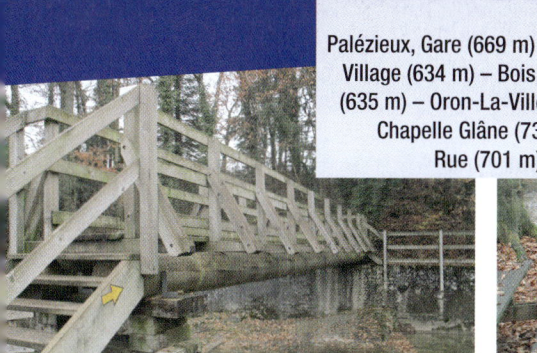

Palézieux, Gare (669 m) – Palézieux-Village (634 m) – Bois de Chaney (635 m) – Oron-La-Ville (631 m) – Chapelle Glâne (730 m) – Rue (701 m)

bald den grösseren Ort Oron-La-Ville. Ausserhalb des Dorfes gelangen wir in ein romantisches Tal mit dem Flüsschen «Le Flon». Rechts oben ist schon das Schloss Oron zu erkennen. Falls wir nur eine kürzere Wanderung nach Rue hätten unternehmen wollen, wären wir hier gestartet. Für diese hätten wir knapp eineinhalb Stunden weniger Zeit aufwänden müssen.
Dann, «Nomen est omen», kommt ein Rastplatz mit der Bezeichnung «Petit coin de paradis». Dem können wir nur zustimmen.
In Chappelle, bei der Hundehütte, schalten wir einen Zwischenhalt ein. Der Weg führt nun ein Stück weit der Hauptbahnlinie zwischen Fribourg und Lausanne entlang. Ein Intercity braust vorbei.
Im letzten Wald vor dem Hügel von Rue ist der Wanderweg erneuert worden. Es wurden viele neue Holzbrücklein gebaut und auf den Wegen hat man Holzschnitzel für die Fussgänger ausgestreut. Es ist November und etwas neblig. Die markante Silhouette von Rue erscheint uns im Nebel noch etwas grösser als sie tatsächlich ist.

Charakteristik:
Wanderung mit geringen Steigungen durch Feld und Wald

157

WESTSCHWEIZ

Wanderzeit: 3 h
Länge: 9,9 km
Höhendifferenz: 210 m bergauf, 390 m bergab

Arboretum und mittelalterliches Aubonne

Anreise:
Mit der Bahn ab Morges nach Bière
Jahreszeit:
ganzjährig (Museum ist offen von April bis Oktober)
Wanderkarte:
1:50 000 Lausanne 261T
Schwierigkeit:
mittelschwer
Startkaffee:
Les Trois Sapins
Hôtel & Restaurant,
Rue de la Tillette 2, 1145 Bière VD, (Ruhetag: MI)
Mittagessen:
Auberge Communale de Montherod Aurélie et Mino Cino, Route de Gimel,
1174 Montherod,
www.aubergedemontherod.ch
Rückreise:
Mit dem Bus ab Aubonne nach Allaman und weiter mit der Bahn
Weitere Infos:
www.arboretum.ch

Bière ist für viele Schweizer das Synonym für Waffenplatz und Panzer der Armee. Während des Tages, wenn das Militär nicht im Ausgang ist, wirkt das Dorf ziemlich ausgestorben. Nach dem Startkaffee wandern wir über weites Feld, das zutreffenderweise auf der Landeskarte mit Champagne bezeichnet ist. Neben den gelben Rhomben sind unterwegs auch viele gelbe rechteckige Wegmarken mit einem Panzersymbol zu bemerken. Wir sind also nahe beim Übungsgelände und der Kaserne. Bald geht es der Aubonne, einem recht wilden Bach, entlang. Bei Bois Guyet fliesst von rechts ein anderer Fluss, le Toleure in die Aubonne. Unter dem Namen «Aubonne» mündet sie später in den Genfersee. Nach einem kleinen Stausee treffen wir auf das hölzerne Eingangsschild des Arboretums. Das Nationale Arboretum ist einzigartig in der Schweiz Es umfasst einen grossräumigen Park mit Bäumen und Sträuchern aus der ganzen Welt. Natürlich findet man nur solche Pflanzen, die sich in unserem Klima wohlfühlen. Zum Arboretum findet man im Holzmuseum und auf der Homepage www.arboretum.ch sehr gute weiterführende Informationen. An bestimmten Daten werden auch 2-stündige Führungen angeboten. Die Nord-Süd-Orientierung des Arboretums erweist sich als sehr günstig für die Vegeta-

Fotos: Fritz Hegi

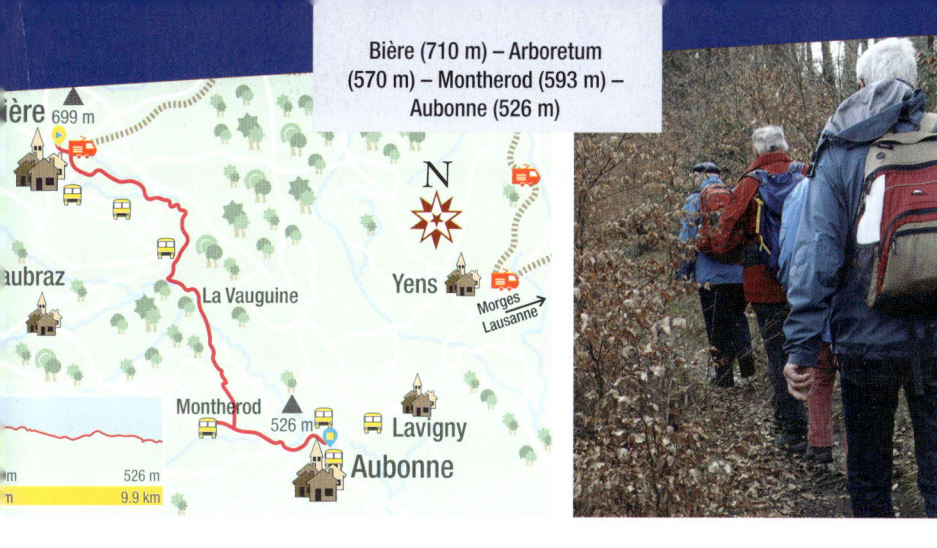

Bière (710 m) – Arboretum (570 m) – Montherod (593 m) – Aubonne (526 m)

tion. Das Gelände ist an sich wenig stabil und durch Mulden und kleine Seitentäler charakterisiert. Die wechselnden Neigungen des Geländes, verbunden mit unterschiedlicher Besonnung, sind vorteilhaft für die Ansiedlung zahlreicher heimischer und fremder Gehölze. Jedermann kann das Arboretum auf eigene Faust kennen lernen – je nach Lust und Laune und verfügbarer Zeit. Ein Spaziergang in ruhiger Atmosphäre fasziniert die meisten erstmaligen Besucher und weckt ihr Interesse für weitere und ausgedehntere Entdeckungen. Obwohl das Arboretum einen privaten Verein als Trägerschaft aufweist, soll der Zugang weiterhin gratis bleiben. Im Bereich des Stausees im Arboretum nimmt die Aubonne mit der Sandoleyre noch einen weiteren Zufluss auf.

Für das Mittagessen machen wir einen kleinen Umweg nach Montherod. Sehenswert ist die Altstadt von Aubonne.

Charakteristik:
In der freien Natur, fernab von Strassen entdecken wir Bäume und Sträucher aus der ganzen Welt im Arboretum.

159

Bisher erschienen:

«WanderFritz ist Kult»

Nach seinem ersten Buch, das 16 Wochen in der Bestsellerliste war, präsentiert Fritz Hegi im neuen Wanderbuch 62 der schönsten Touren durch die Schweiz. Die leichten zwei- bis vierstündige Ausflüge führen durch wunderbare Landschaften, zu historischen Orten, kulturellen Sehenswürdigkeiten und – wie es sich für Genusswanderer gehört – zu schönen Gasthöfen für eine gemütliche Rast. Dabei darf das obligate Startkaffee natürlich nicht fehlen.

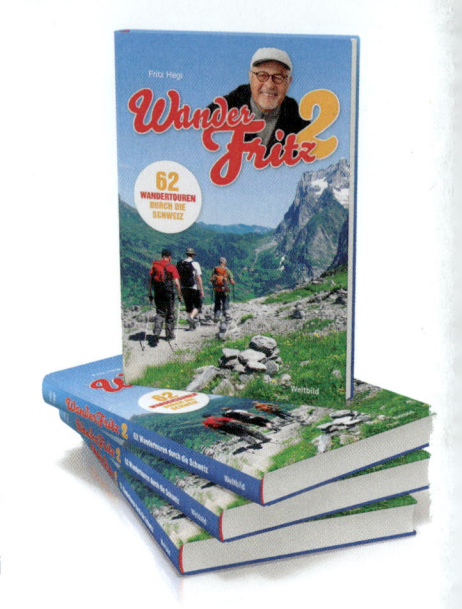

Alle Touren sind mit übersichtlichen Kartenausschnitten, genauer Wegbeschreibung und vielen wertvollen Tipps dargestellt. Start und Ziel sind immer gut mit öffentlichen Verkehrsmitteln erreichbar. Lassen Sie sich immer wieder aufs Neue von unserer schönen Heimat inspirieren!

Die beliebten Ausflüge aus «Wandern täglich» der ehemaligen Coop-Bücher-Reihe sind nun wieder erhältlich. Der Autor hat die Touren aus der alten Ausgabe aktualisiert und mit zwölf neuen Routen ergänzt.

«*Fritz ist ein Genussgeher. Sein neues Buch kann ich nur empfehlen. Speziell denen, die Routen zwischen zwei und vier Stunden Gehdauer suchen*»
Thomas Widmer, Tages-Anzeiger und Der Bund

Fritz Hegi
WanderFritz 2
62 Wandertouren durch die Schweiz
Mit einem Geleitwort von alt Bundespräsident Dölf Ogi
160 Seiten / über 300 farbige Abb. / Softcover /
Format 14,5 x 21 cm
ISBN 978-3-03812-596-9

Weltbild Verlag GmbH, Olten